KB073788

한·영·중 바이블 챔피언십

예선대회 각자 집에서, Zoom활용 화상진행 (매해 1월 3째 토요일)
본선대회 서울KDB생명타워 B2 동자아트홀 (매해 1월 4째 토요일)

한 GLO

안녕하세요.

여러분 요즘 공부하느라 고생이 많죠?

꿈이 뭐예요? 잘 모르겠다 구요?

난 흙수저라서 금수저인 제네 들을 어찌 따라갈 수 있을까? 그래서 포기했다 구요?

눈을 다시 떠 봐요. 세상을 한번 넓게 봐요.

요즘 금수저위에 마법수저가 나왔대요.

모양은 흙수저인데 그 힘은 상상을 초월해 기적을 일으킨다내요.

페이스북 개발자 마크 저커버그, 스냅챗의 에반 스피겔, 에어엔비 조 게이바와 그 친구들, 우버의 트레비스 캘라닉… 모두 세계 벼락부자 들이예요.

이들에게 다섯 가지 특징이 있어요.

첫째, 모두 흙수저 였다는 것이죠. 하지만 그들은 낙심하지 않았습니다.

둘째, 꿈이 있었어요. 대신 남들이 안가는 쪽으로 갔답니다.

셋째, 10대 20대에 도전, 30대에 모두 세계 최고가 되었습니다.

넷째, 좋은 대학 들어가기보다 내 실력 키우는 게 중요하다 생각했대요.

마지막으로, 미리 넓은 세상에서 성공하게 될 줄 믿고 외국어를 익혔답니다.

그래서 트럼프대통령은 손녀에게, 최고부자 워랜 버핏은 손자에게, 투자의 귀재 짐 로저스는 딸에게 중국어를 가르쳤대요. 이분들은 모두 자녀들에게 무엇이 중요한지 알았기 때문입니다.

여러분도 꿈을 이루기 위해 먼저 해야 할 것이 있습니다.

외국어 두 개 정도는 기본적으로 말로 익히는 겁니다.

"어이쿠! 말도 안 되는 소리. 영어하나도 힘 드는데 두 가지를, 그것도 말로 하라 구요?"

걱정하지 마세요. 저희가 도와줄게요. 진짜 쉽게 하는 방법이 있습니다.

공부로 하지 마세요. 그냥 이 책으로 짜투리 시간에 입으로 읽기만 하세요. 까먹어도 괜찮아요. 반복 반복만 하면 저절로 입이 기억합니다.

그간 미국교회는 다음세대를 말씀으로 양육하기 위해 〈National

Biblebee Game Show〉를 진행했고, CGNTV가 전 과정을 방영했어요.

우리는 〈한 · 영 · 중 BIBLE championship〉를 시작할 거예요. 한국에서 시작해 세계대회로 나갈 겁니다.

방법은 성경에 선정된 100구절을 한국어, 영어, 중국어로 암송할 겁니다.

암송을 쉽게 하는 방법이 있어요. 바로 이 책입니다.

소리나는 전자책-펜으로 원어민소리를 듣고, 한글발음으로 소리로 익히세요.

스마트폰에 다운받아, 입으로 훈련하세요.

100구절 성경을 3개 국어로 암송하면 어떤 일이 생길까요?

우리가 여러분을 조금만 도우면 영어 중국어를 좔좔~ 말할 수 있습니다.

3개국어를 말로하다니 상상도 못해 봤죠? 쉬운 일입니다.

3개국어를 말로하면 미국, 영국, 중국, 인도.. 세계적 대학에 돈 안들

이고 장학금 받고 가는 길이 있습니다. 저희가 도울께요.
여러분의 교회가 작아도, 교회학교가 없어도 참가하세요.

꿈을 꾸세요. 도전하세요. 여러분은 하나님의 자녀입니다.
요셉처럼 꿈을 가지고 노력하면, 하나님께서 길을 열어주십니다.

한·영·중 BIBLE championship

대회장 김종성 목사

암송을 잘하는 방법

1 언어는 처음 아이가 엄마에게 말배우 듯, 먼저 '듣고 말하고' 다음에 '읽고 쓰기'를 합니다. 즉 눈으로 '암기'하는 것이 아니라, 입으로 '암송'을 해야 말이 됩니다.

2 암송은 처음 발음잡기가 중요합니다. 처음엔 적은 분량으로 또박또박 '복습'하다가, 차츰 가속도가 나면 '진도'로 나갑니다. 마치 옛 자전거처럼 앞바퀴(진도)가 천천히 한번 도는 동안 뒷바퀴(복습)는 훨씬 많이 돌지요. 이처럼 진도와 복습을 동시에 훈련합니다.

3 '한글표기'발음을 믿으세요. 외국어의 연음 축음까지 '한글'로 완벽히 표기했기에 원어민과 똑 같은 소리로 말할 수 있습니다. 몇 번 한글로 입에 익힌 후, 사운드펜이나 스마트폰 소리를 듣고 흉내 냅니다.

4 말 훈련 초기 때 반드시 찾아오는 '낙담의 골짜기'를 극복하세요. 이 기간을 극복하고 나면 점점 복리효과로 말문이 터지게 됩니다. 마치 땅속에 심은 씨앗처럼 처음엔 안보이다가 싹이 나고부터 가속도로 큰 나무로 자람과 같습니다.

말문트기 100일(120시간) 프로젝트

말훈련은 복리로 작용한다. 초기 중기의 '낙담의 골짜기'를 이기면 된다. 마치 땅속에 심은 씨앗같이 인내의 120시간이 지난 후 쑥쑥 성장한다. 축적된 시간은 사라지지 않는다. 머잖아 그 결과를 보게 될 것이다.

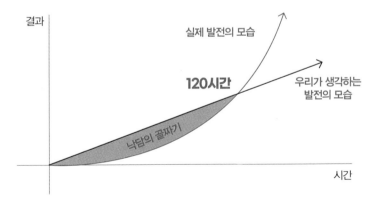

참가자에게 오는 혜택

1 **바이블챔피언십(BIBLE championship) 에 참가할 자격이 있습니다.**

《성경 100구절을 한글, 영어, 중국어로 암송 발표하기》

- 예선 대회: 매해 1월 3째 토요일, 각자 집에서 Zoom참여

    (심사기준: 암기, 발음, 유창성, 이해력, 즉답 등)

- 본선 대회: 매해 1월 4째 토요일, 서울 소재 동자아트홀

    (심사기준: 예선과 동일하나, 예선 통과자끼리 경쟁)

* **상금과 상품** (부문: 초등부, 중등부, 국제부)

  대상1명: 100만원 + 50만원 상품

  금상3명: 30만원 + 50만원 상품

  은상5명: 10만원 + 50만원 상품

  동상00명(예선통과자 전원): 50만원 상품

2 **입상자(대상, 금상, 은상, 동상)에게 특전이 있습니다.**

한GLO가 특별 관리 후, 장학금 받고 유학 진학을(미국, 중국, 세계 명문대) 도와줍니다.

3 크리스챤 인재 발굴 · 양성

한국교회는 100명이하의 교회가 91%랍니다. 주일학교가 없는 교회는 더 많습니다. 하지만 한GLO가 "3개 국어 구사하는 크리스챤 인재를 발굴해서 양성"하려 합니다. 여러분의 자녀를 "외국어도 뚫고, 상금 받아 미자립 교회에 헌금도하고, 해외장학금 받는 인재로 키워봅시다.

"저 교회 아이들은 영어와 중국어를 좔좔~ 말한대.
그래서 세계 명문대학에 장학금 받고 유학한대!"

이 소문으로 전도가 저절로 되었습니다.

참가 신청 : 한글영어.kr
참가 문의 : 1670-1905

한글 영어 표기

자음

Bb	Cc	Dd	Ff	Gg	Hh	Jj
ㅂ	ㅆ,ㅋ	ㄷ	ㅃ̊	ㅈ,ㄱ	ㅎ	ㅈ

Kk	Ll	Mm	Nn	Pp	Qq	Rr
ㅋ	을ㄹ	ㅁ	ㄴ	ㅍ	쿠	르̌

Ss	Tt	Vv	Ww	Xx	Yy	Zz
ㅆ,ㅅ,ㅈ	ㅌ	ㅂ̊	우,오	ㅆ	ㅇ	ㅈ

ch	sh	th	gh	ph
ㅊ,ㅋ	쉬	ㄷ̃,ㅆ̃,ㄸ̃	묵음,ㅃ	ㅃ̊

모음

a 아	e 에	i 이	o 오	u 우	y 이
에이,어,애	이	아이	우,아,어	유,여,어	아이

을ㄹ Ll — Rr 르̌ (낚시모양)

ㅍ Pp — Ff ㅃ̊ (뻐드렁니)

ㅂ Bb — Vv ㅂ̊ (뻐드렁니)

th ㄷ̃, ㅆ̃, ㄸ̃ (혀 빼면서 떠)

위 4가지 외 **(영어 - 한글)** 발음 동일함.

V / F, ph, gh

윗니를 입술 위에 놓고
ㅂ̊ [v] / ㅃ̊ [f] 라고 발음합니다.

th

혀를 아래, 윗니 사이에 넣었다 빼면서
ㄷ̃,ㅆ̃,ㄸ̃ [ð]/[θ]라고 발음합니다.

R

혀를 오무리고 위로 가까이 붙여
르̌ [r]이라고 발음합니다.

중국어 발음법

성조

1성 (̄) '파-' 음을 고르게.
2성 (/) '도~파' 낮은데서 높게.
3성 (∨) '미~도~파' 중간에서 끝까지 낮았다가 높게.
4성 (\ ) '파~도' 높은데서 낮게.

* 이런 원리만 이해하고, 사운드펜으로 직접 소리를 들으며 흉내내어 보세요.
그래야 원어민같은 발음을 자연스럽게 할 수 있습니다.

병음 중국어를 읽기위해 알파벳으로 표기한 것

* 권설음 zh, ch, sh (혀를 구부리는 소리)는 윗 이빨과 아래 이빨을
맞춰서 살짝 닿게 하고 혀를 구두주걱같이 위로 구부린 상태로
발음. 한글 중국어는 밑줄로 표시됨.

(예) zhè 쩌   shī 스   cháng 창

* 위 병음법을 한번만 보세요. 알파벳보다 훨씬 더 정확한 '한글중국어'로
읽으면 완벽한 중국말로 자연스럽게 말하게 됩니다.

01 모든 것의 시작

읽기 (창1:1~8) (창5:21~32)   암송 (요1:1) (사45:7)

(요한복음 1:1) **태초에 말씀이 계시니라 이 말씀이 하나님과 함께 계셨으니 이 말씀은 곧 하나님이시니라.**

In the beginning was the Word, and the Word was with God, and the Word was God.

인더 비기닝/ 워즈더 월드, 앤더 월드/ 워즈위드 갇,
앤더 월드/ 워즈 갇.

in the beginning(인더 비기닝) 태초에   was(워즈) 있었다, 이었다
the Word(더 월드) 말씀   with(위드) 함께   God(갇) 하나님

太初有道, 道与神同在, 道就是神.

tài chū yǒu dào dào, yǔ shén tóng zài, dào jiù shì shén.

타이 추/ 여우 따오, 따오/ 위 선/ 통 짜이, 따오/ 짜우 스/ 선.

太初(tài chū 타이추) 태초에   有(yǒu 여우) 있다   道(dào 따오) 말씀
神(shén 선) 하나님   同在(tóng zài 통짜이) 함께 있다   就是(jiù shì 찌우스) 바로 ~이다

* 영어, 중국어 원문(청색글씨) - '문단'으로 끊어 읽기
* 한글영어, 한글중국어(검정글씨) - '문장' 전체로 읽기

나는 빛도 짓고 어둠도 창조하며 나는 평안도 짓고 환난도 창조하나니 나는 여호와라 이 모든 일들을 행하는 자니라.

I form the light and create darkness, I bring prosperity and create disaster; I, the LORD, do all these things.

아이 뽐더 라이트앤 크리에잍 달크니쓰,
아이 브링 프러쓰뻬러티 앤 크리에잍 디재스털;
아이, 더 롤드, 두 올 디즈 띵즈.

I 나는, 내가   form(뽐) 모양 짓다, 형성하다   the light(더 라이트) 빛
create(크리에이트) 창조하다   darkness(달크니쓰) 어둠
bring(브링) 가져오다, 데려오다   prosperity(프러쓰뻬러티) 번영
disaster(디재스털) 재앙   do(두) 하다   all(올) 모두
these things(디즈 띵즈) 이런 일들

7 我造光, 又造暗; 我施平安, 又降灾祸; 造作这一切的是我 —耶和华.

wǒ zào guāng yòu zào àn wǒ shī píng' ān yòu jiàng zāi huò; zào zuò
zhè yí qiè de shì wǒ —yē hé huá

워/ 짜오 꽝/ 여우 짜오 안/ 워 스/ 핑 안/ 여우 쨩/ 짜이 훠
짜오 쭤/ 쩌 이 쳬 더/ 스 워 – 예 허 화.

我(wǒ 워) 나   造(zào 짜오) 만들다   光(guāng 꽝) 빛   又(yòu 여우) 또, 다시
暗(àn 안) 어둠   施(shī 스) 시행(실시)하다   平安(píng' ān 핑안) 평안
降(jiàng 쨩) 내리다   灾祸(zāi huò 짜이훠) 재앙   造作(zào zuò 짜오쭤) 만들다
一切(yí qiè 이쳬) 모든, 온갖   的(de 더) ~의   是(shì 스) 이다
耶和华(yē hé huá 예허화) 여호와

02

복의 통로가 된 사람

읽기 (창22:1~14)　암송 (창12:2) (요삼1:2)

(창세기 12:2) 내가 너로 큰 민족을 이루고 네게 복을 주어 네 이름을 창대하게 하리니 너는 복이 될지라.

"I will make you into a great nation, and I will bless you;
I will make your name great, and you will be a blessing.

아이 위을 메이큐 인투어 그레잍 네이션, 앤 아이윌 블레쓰 유:
아이 위을 메이큐얼 네임 그뤠이트, 앤 유윌 비어 블레씽.

will ~할 것이다 make 만들다 great 위대한 nation(네이션) 나라
bless(블레쓰) 축복하다, 복주다 will bless 축복할 것이다 your 너의
name 이름 you 너는, 네가 will be 될(일) 것이다 blessing 축복

2 我必叫你成为大国. 我必赐福给你, 叫你的名为大; 你也要叫别人得福.

wǒ bì jiào nǐ chéng wèi dà guó. wǒ bì cì fú gěi nǐ, jiào nǐ de míng wéi
dà nǐ yě yào jiào bié rén dé fú.

워 뻬 쨔오 니/ 쳥 웨이 따 궈. 워 뻬 츠 뿌 게이 니
쨔오 니 더 밍 웨이 따; 니 예 야오 쨔오 비에 런 더 뿌

我(wǒ 워) 나는, 내가　必(bì 삐) 반드시　叫(jiào 쨔오) 부르다　你(nǐ 니) 너(를)
成为(chéng wèi 청웨이) ~로 되다　大国(dà guó 따궈) 큰 나라　赐(cì 츠) 베풀다
福(fú 푸) 복　给(gěi 게이) 주다　你的(nǐ de 니더) 너의　名(míng 밍) 이름
为(wéi 웨이) ~를 위해　大(dà 따) 큰　也(yě 예) ~도　你也(nǐ yě 니예) 너도
要(yào 야오)~할 것이다　別人(bié rén 볘런) 다른 사람

(요한삼서 1:2) 사랑하는 자여 네 영혼이 잘됨같이 네가 범사에 잘되고 강건하기를 내가 간구하노라.

Dear friend, I pray that you may enjoy good health and that all may go well with you, even as your soul is getting along well.

디얼 쁘렌드, 아이 프레이 대츄 메이 인조이 굳 헬쓰 앤댙 올 메이 고우 웰 위듀, 이븐 애쥬얼 쏘울 이즈 게링 얼롱 웰.

Dear(디얼) 친애하는　friend(쁘렌드) 친구　I 내가, 나는　pray(프레이) 기도하다
enjoy(인조이) 즐기다, 누리다　health(헬쓰) 건강　all 모두, 전부　go well 잘 되어가다
with you 너와 함께　even(이븐) 조차, 심지어　as ~처럼, 같이　your 너의　soul(쏘울) 영혼
is ~ing~하고 있다　get along well 잘 되어가다

2 亲爱的兄弟阿, 我愿你凡事兴盛, 身体健壮, 正如你的灵魂兴盛一样.

qīn' ài de xiōng di ā, wǒ yuàn nǐ fán shì xīng shèng, shēn tǐ jiàn

zhuàng zhèng rú nǐ de líng hún xīng shèng yí yàng.

친 아이 더/ 쓩 띠 아, 워 웬 니/ 빤 스/ 씽 셩,

선 티/ 쪤 쫭, 쪙 루 니 더/ 링 훈/ 씽 셩/ 이 양.

亲爱的(qīn' ài de 친아이더) 친애하는   兄弟(xiōng di 쓩띠) 형제   愿(yuàn 웬) 바라다
凡事(fán shì 빤스) 범사에   兴盛(xīng shèng 씽셩) 번창하다   身体(shēn tǐ 선티) 몸, 신체
健壮(jiàn zhuàng 쪤쫭) 건장하다, 탄탄하다   正如(zhèng rú 쪙루) 이와 같이
灵魂(líng hún 링훈) 영혼, 마음, 정신   一样(yí yàng 이양) 똑같은(이)

03

요셉처럼 용서하기

읽기 (창50:15~26)   **암송** (잠16:9)(시126:5~6)

(잠언16:9) **사람이 마음으로 자기의 길을 계획할지라도 그의 걸음을 인도하시는 이는 여호와시니라.**

In his heart a man plans his course, but the LORD determines his steps.

인 히즈 할트 어 맨 플랜즈 히즈 콜ㅆ, 벝더 로올드 디털민즈 히즈 스뗍ㅆ.

In 속, 안 his 그의   heart(할트) 마음   plans 계획하다   course(콜ㅆ) 과정   but 하지만
the LORD 여호와   determines(디털민즈) 결정하다, 결정짓다   steps(스뗍ㅆ) 발걸음들

9 人心筹算自己的道路; 惟耶和华指引他的脚步.

rén xīn chóu suàn zì jǐ de dào lù; wéi yē hé huá zhǐ yǐn tā de jiǎo bù.

런 씬 처우 쫜 쯔 지 더 따오 루;
웨이 예 허 화 즈 인 타 더 쟈오 뿌.

筹算(chóu suàn 처우쫜) 계산하다   自己的(zì jǐ de 쯔지더) 자기의
道路(dào lù 따오루) 노선, 길   耶和华(yē hé huá 예허화) 여호와   惟(wéi 웨이) 오직, 오로지
指引(즈인) 인도(안내)하다, 이끌다   脚步(쟈오뿌) 걸음

(시편 126:5~6) 눈물을 흘리며 씨를 뿌리는 자는 기쁨으로 거두리로다

5 Those who sow in tears will reap with songs of joy.

도우즈 후 쏘우인 티얼ㅈ 윌 맆 윈 쏭즈업 조이.

Those who~ ~하는 사람들   sow(쏘우) (씨)뿌리다   with tears 눈물로   reap(맆) 거둬들이다
will reap 거둬들일 것이다   with songs 노래로   of 의   joy 기쁨

6 울며 씨를 뿌리러 나가는 자는 반드시 기쁨으로 그 곡식 단을 가지고 돌아오리로다.

6 He who goes out weeping, carrying seed to sow, will return with songs of joy, carrying sheaves with him.

히후 고우즈 아웉 위핑, 캐리잉 씯(씨드) 투 쏘우, 윌 리턴 위드 쏭즈업 조이, 캐리잉 쉬브즈 위드 힘.

Those who ~하는 사람들   go out 나가다   weep(윞) 눈물을 흘리다   carry 나르다, 운반하다
seed 씨   sow (씨)뿌리다   return 돌아오다   with 함께, 같이   songs of joy 기쁨의 노래들
단들, 묶음들: sheaves(sheaf의 복수)   with them 그(것)들과 함께

5 流泪撒种的, 必欢呼收割!

liú lèi sā zhǒng de bì huān hū shōu gē!

리우 레이/ 싸 종 더, 삐 환 후/ 서우 꺼!

流泪(liú lèi 리우레이) 눈물을 흘리다   撒种(sā zhǒng 싸쫑) 씨를 뿌리다   必(bì 삐) 반드시
欢呼(huān hū 환후) 환호하다   收割(shōu gē 서우꺼) 수확하다

6 那带种流泪出去的, 必要欢欢乐乐地带禾捆回来!

nà dài zhǒng liú lèi chū qù de, bì yào huān huān lè lè de dài hé kǔn

huí lái!

나 따이 종/ 리우 레이/ 추 취 더,

삐 야오/ 환 환/ 르어 르어 더/ 따이/ 허 쿤/ 후이 라이

那(nà 나) 저것, 그것, 그것들   带(dài 따이) 가져오다   种(zhǒng 쫑) 씨를 뿌리다
流泪(liú lèi 리우 레이) 눈물을 흘리다   出去(chū qù 추취) 나가다   必(bì 삐) 반드시, 꼭
要(yào 야오) ~할 것이다   欢欢乐乐地(huān huān lè lè de 환환르어르어더) 기쁘게
带(dài 따이) 가져오다   禾(hé 허) 곡식   捆(kǔn 쿤) 묶다, 매다   回来(huí lái 후이라이) 돌아오다

04

여호와가 대신 싸우심

읽기 (출14:10~20) **암송** (출14:13) (롬8:26)

(출14:13) **모세가 백성에게 이르되 너희는 두려워하지 말고 가만히 서서 여호와께서 오늘 너희를 위하여 행하시는 구원을 보라. 너희가 오늘 본 애굽 사람을 영원히 다시 보지 아니하리라.**

Moses answered the people, "Do not be afraid. Stand firm and you will see the deliverance the LORD will bring you today. The Egyptians you see today you will never see again.

모우지스 앤썰더 피플, "두낱 비어 쁘레이드. 스땐 뻠 앤유 위
을 씨더 딜리버런쓰더 롤드 윌 브링유 투데이. 디 이짚션즈 유
씨 투데이/ 유윌 네벌 씨어 게인."

answered 대답했다   the people 민족, 백성   Do not ~하지 마라   be afraid 무서워하다
stand 서다   firm(뻠) 단단히, 굳게   and 그러면   you 너는, 네가   will see 볼 것이다
deliverance(딜리버런쓰) 구원   bring 가져오다, 데려오다   you 너희들에게   today 오늘
never 절대~않다   see 보다   again 또, 다시

모세가 백성에게 이르되 너희는 두려워하지 말고 가만히 서서

13 摩西对百姓说: 不要惧怕, 只管站住!

mó xī duì bǎi xìng shuō bú yào jù pà zhǐ guǎn zhàn zhù!

뭐 씨/ 뚜이 바이 씽/ 쒀:

부 야오/ 쮜 파, 즈 관/ 짠 쭈!

여호와께서 오늘 너희를 위하여 행하시는 구원을 보라.

看耶和华今天向你们所要施行的救恩.

kàn yē hé huá jīn tiān xiàng nǐ men suǒ yào shī xíng de jiù ēn.

칸/ 예 허 화/ 찐 톈/ 샹 니 먼/ 쒀 야오/ 스 씽 더/ 찌우 은.

너희가 오늘 본 애굽 사람을 영원히 다시 보지 아니하리라.

因为, 你们今天所看见的埃及人必永远不再看见了.

yīn wèi nǐ men jīn tiān suǒ kàn jiàn de āi jí rén bì yǒng yuǎn bú zài kàn jiàn le.

인 웨이, 니 먼/ 찐 톈 쒀/ 칸 쪤 더/ 아이 지 런/

삐 용 위엔/ 부 짜이/ 칸 쪤 러.

摩西(mó xī 뭐씨) 모세 对(duì 뚜이) ~에게 百姓(bǎi xìng 바이씽) 백성
说(shuō 쒀) 말하다 不要(bú yào 부야오) ~하지 마라 惧怕(jù pà 쮜파) 두려워하다
只管(zhǐ guǎn 즈관) 얼마든지, 마음대로 站住(zhàn zhù 짠쭈) 멈추다 看(kàn 칸) 보다
今天(jīn tiān 찐톈) 오늘 向(xiàng 샹) ~을 향하여 你们(nǐ men 니먼) 너희들
救恩(jiù ēn 찌우은) 구원 因为(yīn wèi 인웨이) 왜냐하면 看见(kàn jiàn 칸쪤) 보다, 보이다
埃及人(āi jí rén 아이지런) 애굽사람 永远(yǒng yuǎn 용웬) 영원히 不再(bú zài 부짜이)
다시는 ~하지 않을 것이다 再(zài 짜이) 다시 看(kàn 칸) 보다 见(jiàn 쪤) 보다

(로마서 8:26) **이와 같이 성령도 우리의 연약함을 도우시나니 우리는 마땅히 기도할 바를 알지 못하나 오직 성령이 말할 수 없는 탄식으로 우리를 위하여 친히 간구하시느니라.**

In the same way, the Spirit helps us in our weakness. We do not know what we ought to pray for, but the Spirit himself intercedes for us with groans that words cannot express.

인더 쎄임 웨이, 더 스삐맅 헤읊ㅆ 어쓰 인아월 위크니ㅆ. 위두낱 노우/ 왙위 오욷투 프레이 뽀얼, 벝더 스삐맅 힘쎌뽀 인 널씨즈 뽀러쓰 위드 그로운즈댙 월즈 캔낱 익쓰프레ㅆ.

in the same way 같은 방법으로 the Spirit 성령 helps 돕다 us 우리를
our 우리의 weakness(위크니ㅆ) 연약함 We 우리는(가) do not know 모르다 what 것, 무엇
we 우리는(가) ought to ~해야 한다 pray for ~를 위해 기도하다 but 하지만 the Spirit 성령
himself 그 자신 intercedes(인널씨즈) 중재하다 for ~위해 groans(그로운즈) 탄식, 신음
express(익쓰프레ㅆ) 표현하다 cannot express 표현할 수 없다

이와 같이 성령도 우리의 연약함을 도우시나니
26 况且我们的软弱有圣灵帮助,
kuàng qiě wǒ men de ruǎn ruò yǒu shèng líng bāng zhù,

콱 체/ 워 먼 더/ 롼 뤄/ 여우 셩 링/ 빵 쭈.

우리는 마땅히 기도할 바를 알지 못하나

我们本不晓得当怎样祷告,

wǒ men běn bù xiǎo de dāng zěn yàng dǎo gào,

워 먼/ 번 뿌 샤오 더/ 땅 쩐 양/ 다오 까오,

只是圣灵亲自用说不出来的叹息替我们祷告.

즈 스/ 성 링/ 친 쯔 용 / 숴 뿌 추 라이 더/ 탄 씨

티 워 먼/ 다오 까오

软弱(ruǎn ruò 롼뤄) 연약함 有(yǒu 여우) 있다 圣灵(shèng líng 성링) 성령
帮助(bāng zhù 빵쭈) 돕다 不晓得(bù xiǎo de 뿌샤오더) 모르다
怎样(zěn yàng 쩐양) 얼마나, 어떻게 祷告(dǎo gào 다오까오) 기도하다
只是(zhǐ shì 즈스) 오직, 다만 圣灵(shèng líng 성링) 성령 亲自(qīn zì) 몸소, 친히
说不出来的(shuō bù chū lái de 숴뿌추라이더) 말로 표현할 수가 없는
叹息(tàn xī 탄씨) 탄식하다 替(tì 티) 대신해주다

05 십계명

읽기 (출20:1~17) 암송 (마22:37~40) (계1:3)

(마태복음 22:37~40) 예수께서 이르시되 네 마음을 다하고 목숨을 다하고 뜻을 다하여 주 너의 하나님을 사랑하라 하셨으니 이것이 크고 첫째 되는 계명이요 둘째도 그와 같으니 네 이웃을 네 자신 같이 사랑하라 하셨으니 이 두 계명이 온 율법과 선지자의 강령이니라.

예수께서 이르시되 네 마음을 다하고 목숨을 다하고 뜻을 다하여 주 너의 하나님을 사랑하라 하셨으니

37 Jesus replied: "'Love the Lord your God with all your heart and with all your soul and with all your mind.'

쥐저쓰 리플라이드: "'러브더 롤쥬얼 갇 위드 올유얼 할트 앤 위드 올 유얼 쏘울 앤 위드 올 유얼 마인드.'

replied 대답했다 your 너의 God 하나님 with ~로 all 온, 전부
your heart 너의 마음 with all your heart 네 마음을 다해 soul 영혼 mind 마음

이것이 크고 첫째 되는 계명이요

38 This is the first and greatest commandment.

디쓰 이즈더 뻘쓰트앤 그레이디쓸 컴맨드먼트.

This 이것 is 이다 first 처음의 and 그리고 greatest 가장 위대한 commandment 계명

둘째도 그와 같으니 네 이웃을 네 자신 같이 사랑하라 하셨으니

39 And the second is like it: 'Love your neighbor as yourself.'

앤더 쎄컨드 이즈 라이킽: '러뷰얼 네이벌 애쥬얼 쎌쁘.'

the second 두 번째 is 이다 like ~같은, ~처럼 it 그것 your 너의
neighbor(네이벌) 이웃 as~처럼 yourself 네 자신

이 두 계명이 온 율법과 선지자의 강령이니라.

40 All the Law and the Prophets hang on these two commandments."

올더 러 앤더 프라삐츠 행 온 디즈 투 컴맨드먼츠."

All 모든 the Law 법, 율법 the Prophets(프라삐츠) 예언자들 hang 매달다, 내리다
these 이것들 two 2, 둘 commandments(컴맨드먼츠) 계명들

37 耶稣对他说: 你要尽心, 尽性, 尽意爱主 - 你的神.

yē sū duì tā shuō: nǐ yào jìn xīn jìn xìng jìn yì ài zhǔ - nǐ de shén.

예 쑤/ 뚜이 타 쉬:

니 야오/ 찐 씬, 찐 씽, 찐 이/ 아이 주 – 니 더/ 선.

对(duì 뚜이)~에게 他(tā 타) 그를, 그에게 说(shuō 쉬) 말하다 你(nǐ 니) 너, 당신
尽心(jìn xīn 찐씬) 마음(성의)를 다하다 心(xīn 씬) 마음 性(xìng 씽) 성품, 성격
意(yì 이) 뜻 爱(ài 아이) 사랑하다 主(zhǔ쭈) 주인 你的(nǐ de 니더) 너의 神(shén 선) 하나님

38 这是诫命中的第一, 且是最大的

zhè shì jiè mìng zhòng de dì yī qiě shì zuì dà de.

쩌 스/ 쪠 밍 쫑 더/ 띠 이, 쳬 스/ 쭈이 따 더.

这是(zhè shì 쩌스) 이것은 ~이다   诫命(jiè mìng 쪠밍) 계명   中的(zhòng de 쭝더) ~중에서
第一(dì yī 띠이) 맨 처음   且是(qiě shì 체스) 하지만, 그러나   最大的(zuì dà de 쮀이따더) 제일 큰

39 其次也相仿, 就是要爱人如己.

qí cì yě xiāng fǎng jiù shì yào ài rén rú jǐ.

치 츠/ 예 썅 빵, 찌우 스 야오/ 아이 런/ 루 지.

其次(qí cì 치츠) 그 다음   也(yě 예) ~도   相仿(xiāng fǎng 썅빵) 비슷하다
就是(jiù shì 찌우스) 바로 ~이다   爱(ài 아이) 사랑하다   人(rén 런) 사람
如己(rú jǐ 루지) 자기처럼

40 这两条诫命是律法和先知一切道理的总纲.

zhè liǎng tiáo jiè mìng shì lù fǎ hé xiān zhī yí qiè dào lǐ de zǒng gāng.

쩌 량 탸오 쪠 밍 스 뤼 빠/ 허 쎈 쯔
이 체/ 따오 리 더/ 쫑 깡.

这(zhè 쩌) 이, 이것   两(liǎng 량) 둘   诫命(jiè mìng 쪠밍) 계명   是(shì 스) ~이다
律法(lù fǎ 律法) 율법   和(hé 허) ~와   先知(xiān zhī 쎈쯔) 선지자, 예언자
一切(yí qiè 이체) 모든   道理(dào lǐ 따오리) 도리   总纲(zǒng gāng 쫑깡) 대강, 큰율법

(요한계시록 1:3) **이 예언의 말씀을 읽는 자와 듣는 자와 그 가운데에 기록한
것을 지키는 자는 복이 있나니 때가 가까움이라.**

Blessed is the one who reads the words of this prophecy, and blessed are those who hear it and take to heart what is written in it, because the time is near.

블레쓰드 이즈더 원후 리즈더 월즈어브 디쓰 프라뻐씨, 앤 블레쓰드알 도우ㅈ후 히얼 잍 앤 테익투 할트 와리즈 뤼튼(륕은) 이닡, 비커즈 더 타임 이즈 니얼.

the one who ~하는 자(사람)   reads 읽다   aloud 크게   the words 말씀   of ~의
this 이, 이것   prophecy(프라뻐씨) 예언   those who ~하는 사람들   hear 듣다   it 그것을
take to heart 담대하다   what 것, 무엇   is written(뤼튼) 쓰여지다   write 쓰다   in 안 속
because 왜냐하면   the time 때   is near 가깝다   near 가까운

3 念这书上预言的和那些听见又遵守其中所记载的, 都是有福的, 因为日期近了.

niàn zhè shū shàng yù yán de hé nà xiē tīng jiàn yòu zūn shǒu qí zhōng suǒ jì zǎi de, dōu shì yǒu fú de yīn wèi rì qī jìn le.

녠 쩌 수 상/ 위 옌 더/

허 나 쎼/ 팅 쩬 여우/ 쭌 서우/ 치 쫑 / 쒀 찌 짜이 더,

떠우 스 여우/ 뿌 더, 인 웨이/ 르 치/ 찐 러.

念(niàn 녠) 생각하다   这(zhè 쩌) 이, 이것   书上(shū shàng 수상) 책 속에
预言的(yù yán de 위옌더) 예언의   和(hé 허) ~와   那些(nà xiē 나쎼) 그것들
听见(tīng jiàn 팅쩬) 들리다, 듣다   又(yòu 여우) 또   遵守(zūn shǒu 쭌서우) 준수하다, 지키다
其中(qí zhōng 치쫑) 그 중   记载的(jì zǎi de 찌짜이더) 기록한   都(dōu 떠우) 모든
是(shì 스) 이다   有福的(yǒu fú de 여우뿌더) 복이 있는   因为(yīn wèi 인웨이) 왜냐하면, 때문에
日期(rì qī 르치) 날짜, 기간   近(jìn 찐) 가깝다

06

개척자 갈렙

읽기 (수14:1~15)   암송 (수1:9) (잠3:5~6)

(여호수아 1:9) **내가 네게 명령한 것이 아니냐 강하고 담대하라! 두려워하지 말며 놀라지 말라 네가 어디로 가든지 네 하나님 여호와가 너와 함께 하느니라 하시니라.**

Have I not commanded you? Be strong and courageous. Do not be terrified; do not be discouraged, for the LORD your God will be with you wherever you go."

해바이 낱 컴맨디듀? 비 스뜨롱 앤 커레이져쓰. 두낱비 테러빠이드; 두낱비 디쓰커리쥐드, 뽈더 롤듀얼 갇 월비 위듀 웰 에벌유 고우."

I 내가 commanded 명령했다 Be~: ~해져라 Be strong 강해져라
courageous(커레이져쓰) 용감한 Do not ~하지 마라 be afraid 무서워하다
do not ~하지 마라 be discouraged 낙심하다 for 왜냐하면
be with~: ~와 함께 하다(있다) will be with~ ~와 함께 있을 것이다
wherever 어디든지 go 가다

9. 我岂没有吩咐你麼? 你当刚强壮胆! 不要惧怕, 也不要惊惶; 因为你无论往那里去, 耶和华你的神必与你同在。

wǒ qǐ méi yǒu fēn fù nǐ me? nǐ dāng gāng qiáng zhuàng dǎn! bú yào jù pà, yě bú yào jīng huáng; yīn wèi nǐ wú lùn wǎng nà lǐ qù, yē hé huá nǐ de shén bì yǔ nǐ tóng zài.

워 치/ 메이 여우/ 뻔 뿌/ 니 마? 니/ 땅 깡 챵 쫭 단!

부 야오/ 쥐 파, 예/ 부 야오/ 찡 황;

인 웨이/ 니 우 룬 왕/ 나 리 취,

예 허 화/ 니 더 선/ 삐/ 위 니/ 통 짜이.

岂(qǐ 치) 어찌 ~하겠는가? 没有(méi yǒu 메이여우) 없다 吩咐(fēn fù 뻔뿌) 말하다
当(dāng 땅) 적당하다, 알맞다 不要(bú yào 부야오) ~하지 마라 惧怕(jù pà 쥐파) 무서워하다
也(yě 예) 또한 惊惶(jīng huáng 찡황) 당황하여 어쩔 줄을 모르다
无论(wú lùn 우룬) ~에도 불구하고, 관계없이 往(wǎng 왕) 가다
同在(tóng zài 통짜이) 함께 있다

(잠3:5~6) **너는 마음을 다하여 여호와를 신뢰하고 네 명철을 의지하지 말라. 너는 범사에 그를 인정하라 그리하면 네 길을 지도하시리라.**

5. Trust in the LORD with all your heart and lean not on your own understanding;

트러스트 인 더 롤드 위드 올 유얼 할트 앤 린 낱 온 유얼 오 운 언덜스땐딩;

trust in ~를 믿다, 신뢰하다   with all your heart 네 온 마음을 다해
lean on ~을 의지하다(기대다)   your own 네 자신의   understanding 이해, 지식

6. in all your ways acknowledge him, and he will make your paths straight.

인 올유얼 웨이즈 어ㅋ널리쥐 힘, 앤 히윌 메이큐얼 패쓰즈 스뜨레이트.

in all your ways 너의 모든 방법에서 acknowledge 인정하다, 승인하다 him 그를
he 그는, 그가 will make 만들 것이다 paths 길들 straight 곧게, 똑바로

5. 你要专心仰赖耶和华, 不可倚靠自己的聪明,

nǐ yào zhuān xīn yǎng lài yē hé huá, bù kě yǐ kào zì jǐ de cōng míng,

니 야오/ 쫜 씬/ 양 라이/ 예 허 화,
뿌 커 / 이 카오/ 쯔 지 더 / 총 밍,

专心(zhuān xīn 쫜씬) 전심하다, 몰두하다   仰赖(yǎng lài 양라이) 의뢰(의존)하다
不可(bù kě 부커) 할 수가 없다   倚靠(yǐ kào 이카오) 의탁하다, 의지하다
自己的(zì jǐ de 쯔지더) 자기의   聪明(cōng míng 총밍) 총명하다

6. 在你一切所行的事上, 都要认定他, 他必指引你的路。

zài nǐ yí qiè suǒ xíng de shì shàng, dōu yào rèn dìng tā tā bì zhǐ yǐn nǐ de lu

짜이 니/ 이 체/ 쒀 씽 더/ 스 상
떠우 야오/ 런 띵 타, 타 삐/ 즈 인/ 니 더/ 루.

在(zài 짜이) ~上(shàng 상) ~위에 一切(yí qiè 이체) 모든 行的(xíng de 씽더) 행하는
事(shì 스) 일 上(shàng 상) 위에   都(dōu 떠우) 모두
认定(rèn dìng 런띵) 인정하다, 굳게 믿다 他(tā 타) 그를, 그가 必(bì 삐) 반드시
指引(zhǐ yǐn 즈인) 인도하다, 이끌다 你的(nǐ de 니더) 너의 路(lù 루) 길

07

골리앗을 이긴 다윗

읽기 (삼상17:37~49) **암송** (시23:1~2)(시119:105)

(시23:1~2) 여호와는 나의 목자시니 내게 부족함이 없으리로다. 그가 나를 푸른 목장에 눕히시고 잔잔한 물가로 인도하시는도다

1 The LORD is my shepherd, I shall not be in want.

더 롤드 이즈 마이 세펄드, 아이 쉘낱 비인 원트.

The LORD 여호와 is 이다 my 나의 shepherd(세펄드) 목자 I 내가, 나는
shall not be ~이지 않을 것이다 in want ~를 필요로 하다

2 He makes me lie down in green pastures, he leads me beside quiet waters.

히 메익쓰미 라이 다운 인 그린 패스쳘스, 히 리즈미 비 싸이드 콰이엍 워털스.

in green 초록의   pastures(패스쳘스) 목초지 he 그가   leads 인도하다, 이끌다
me 나를 beside ~옆에 quiet 조용한 waters 물

1 耶和华是我的牧者, 我必不致缺乏.

yē hé huá shì wǒ de mù zhě wǒ bì bú zhì quē fá.

예 허 화/ 스 워 더/ 무 저, 워/ 삐/ 부 쯔/ 췌 빠,

我的(wǒ de 워더) 나의　必(bì 삐) 반드시　不致(bú zhì 부쯔) 어떤 결과를 가져오지 않다
牧者(mù zhě 무저) 목자　缺乏(quē fá 췌빠) 결핍되다, 모자라다

2 他使我躺卧在青草地上, 领我在可安歇的水边.

tā shǐ wǒ tǎng wò zài qīng cǎo dì shàng, lǐng wǒ zài kě ān xiē de

shuǐ biān.

타 스 워 / 탕 워 짜이/ 칭 차오/ 띠 상,

링 워 짜이/ 커 안 쎼 더/ 수이 뼨.

他(tā 타) 그가　使(shǐ 스) 파견하다, 사람을 보내다　我(wǒ 워) 나를
躺卧(tǎng wò 탕워) 드러눕다　在zài 짜이) ~　上(shàng 상) ~위에　青(qīng 칭) 푸르다
草地(cǎo dì 차오띠) 풀밭　领(lǐng 링) 거느리다　在(zài 짜이)~에
安歇(ān xiē 안쎼) 잠자리에 들다, 쉬다, 휴식하는　水边(shuǐ biān 수이뼨) 물가

<u>(시119:105)</u> **주의 말씀은 내 발의 등불이요, 내 길의 빛이니이다.**

Your word is a lamp for my feet, a light on my path.

Your word is a lamp for my feet, a light on my path.

유얼 월드 이즈어 램프 뽈 마이 삗, 어 라잍 온마이 패쓰.

105. 你的话是我脚前的灯, 是我路上的光。

nǐ de huà shì wǒ jiǎo qián de dēng shì wǒ lù shàng de guāng.

니 더 화/ 스/ 워 쟈오 쳰 더/ 떵, 스 워 루 상 더/ 꽝.

前的(qián de 쳰더) 앞의   灯(dēng 떵) 등, 등불   是(shì 스) 이다   路(lù 루) 길
上的(shàng de 상더) 위의   光(guāng 꽝) 빛

아히도벨과 후새의 연설

읽기 (삼하17:1~14) 암송 (잠18:12) (요일5:12)

(잠18:12) **사람의 마음의 교만은 멸망의 선봉이요 겸손은 존귀의 길잡이니라.**

Before his downfall a man's heart is proud, but humility comes before honor.

비뽈 히즈 다운뻐을 어 맨즈 할트 이즈 프라우드, 벝 휴밀러티 컴즈 비뽈 어널.

before 앞, 전   downfall 추락, 낙하   heart 마음   is proud 교만(거만)하다   but 하지만
humility(휴밀러티) 겸손   comes 오다   before 앞   honor(어널) 영광, 명예

12. 败坏之先, 人心骄傲; 尊荣以前, 必有谦卑.

bài huài zhī xiān rén xīn jiāo' ào; zūn róng yǐ qián bì yǒu qiān bēi.

빠이 화이/ 쯔 쏀, 런 씬/ 쨔오 아오;

쭌 롱/ 이 쳰, 삐 여우/ 쳰 뻬이.

败坏(bài huài 빠이화이) 손상(파괴)시키다   之先(zhī xiān 쯔쏀) ~의 앞
人心(rén xīn 런씬) 사람의 마음   骄傲(jiāo' ào 쨔오아오) 교만(거만)하다
尊荣(zūn róng 쭌롱) 존귀와 영광   以前(yǐ qián 이쳰) 이전
必有(bì yǒu 삐여우) 반드시 있다   谦卑(qiān bēi 쳰뻬이) 겸손하게 자기를 낮추다

(요일5:12) **아들이 있는 자에게는 생명이 있고 하나님의 아들이 없는 자에게는 생명이 없느니라.**

He who has the Son has life; he who does not have the Son of God does not have life.

히후 해즈더 썬 해즈 라이쁘; 히후 더즈낱 해브더 썬어브 갇 더즈낱 해브 라이쁘.

he who ~하는 자는   has 가지다   the Son 아들   life 생명, 목숨
does not have 가지지 않다   the Son of God 하나님의 아들

12. 人有了神的儿子就有生命, 没有神的儿子就没有生命。

rén yǒu le shén de ér zi jiù yǒu shēng mìng, méi yǒu shén de ér zi jiù méi yǒu shēng mìng.

런 여우 러/ 선 더 얼 즈/ 찌우 여우/ 성 밍,
메이 여우/ 선 더/ 얼 즈/ 찌우 메이 여우/ 성 밍.

人(rén 런) 사람 有了(yǒu le 여우러) 있다 神的(shén de 선더) 하나님의
儿子(ér zi 알즈) 아들 就(jiù 찌우) 바로, 곧 有(여우) 있다 生命(shēng mìng 성밍) 생명
没有(méi yǒu 메이여우) ~가 없다

이스라엘의 찬송가, 시편

읽기 (시23: 150:)   암송 (시23:6) (습3:17)

(시23:6) 내 평생에 선하심과 인자하심이 반드시 나를 따르리니 내가 여호와의 집에 영원히 살리로다.

Surely goodness and love will follow me all the days of my life, and I will dwell in the house of the LORD forever.

슈얼리 굳니쓰 앤 러브윌 빨로우미 올더 데이즈업 마이 라이쁘, 앤 아이윌 드웰 인더 하우쓰 어브더 롤드 뽀레벌.

surely 분명히, 확실히   your 당신의   goodness 선함   and 와, 과   love 사랑
will follow 따라오다   me 나를   all the days 모든 날들   of ~의   my life 내 인생
dwell(드웰) 거주하다   in the house 집에   forever 영원히

6. 我一生一世必有恩惠慈爱随着我. 我且要住在耶和华的殿中, 直到永远.

wǒ yī shēng yī shì bì yǒu ēn huì cí ài suí zhe wǒ. wǒ qiě yào zhù zài yē hé huá de diàn zhōng zhí dào yǒng yuǎn.

워/ 이 셩/ 이 스/ 삐 여우/ 언 후이/ 츠 아이/ 쑤이 저/ 워.
워 쳬 야오/ 쭈 짜이/ 예 허 화 더/ 뗸 쫑, 즈 따오/ 융 웬

一生一世(yī shēng yī shì 이성이스) 한평생   恩惠(ēn huì 언훼이) 은혜
慈爱(cí ài 츠아이) 자애   随着(suí zhe 쑤이저) 뒤이어 住在(zhù zài 쭈짜이) ~에 살다
耶和华的(yē hé huá 예허화더) 여호와의   殿中(diàn zhōng 뎬쭝) 궁전 안에
直到(zhí dào 쯔따오) 곧바로 도착하다 永远(yǒng yuǎn 용웬) 영원히

[습3:17] **너의 하나님 여호와가 너의 가운데에 계시니 그는 구원을 베푸실 전능자이시라 그가 너로 말미암아 기쁨을 이기지 못하시며 너를 잠잠히 사랑하시며 너로 말미암아 즐거이 부르며 기뻐하시리라.**

The LORD your God is with you, he is mighty to save. He will take great delight in you; he will quiet you with his love, he will rejoice over you with singing.

더 롤듀얼 갇 이즈 위드 유, 히 이즈 마이티 투 쎄이브. 히월 테익 그레잍 딜라이트 인유; 히월 콰이어트유 위드 히즈 러브, 히월 리조이쓰 오벌 유 위드 씽잉.

The LORD 여호와 your God 너의 하나님 is with ~와 함께 있다   mighty 강력한, 위대한
will ~할 것이다   great 굉장한   delight(딜라이트) 기쁨, 즐거움   in 속, 안 his 그의
but 하지만 will rejoice 기뻐(좋아)하다   with singing 노래하면서

17. 耶和华你的神, 是施行拯救, 大有能力的主, 他在你中间必因你欢欣喜乐, 默然爱你, 且因你喜乐而欢呼.

yē hé huá nǐ de shén shì shī xíng zhěng jiù, dà yǒu néng lì de zhǔ, tā zài nǐ zhōng jiān bì yīn nǐ huān xīn xǐ lè, mò rán ài nǐ qiě yīn nǐ xǐ lè ér huān hū.

예 허 화/ 니 더 션/ 스/ 스 씽/ 쩡 찌우,

따 여우/ 넝 리 더/ 주,

타 짜이 니/ 쫑 쩬/ 삐 인 니/ 환 씬/ 씨 르어,

뭐 란/ 아이 니, 쳬 인 니/ 씨 르어/ 얼 환 후.

你的(nǐ de 니더) 너의   神(shén 션) 하나님   是(shì 스) 이다
施行(shī xíng 스씽) 실시(시행)하다 베풀다   拯救(zhěng jiù 쩡찌우) 구원하다
欢欣(huān xīn 환씬) 기뻐하다   喜乐(xǐ lè 씨러) 기뻐하는   默然(mò rán 뭐란) 조용히
而(ér 얼) 그리고   欢呼(huān hū 환후) 환호하다

솔로몬의 지혜

읽기 (왕상3:16~28) **암송** (수1:8) (요14:26)

[수1:8] 이 율법책을 네 입에서 떠나지 말게 하며 그것을 주야로 묵상하여 그 안에 기록된 대로 다 지켜 행하라 그리하면 네 길이 평탄하게 될 것이며 네가 형통하리라.

Do not let this Book of the Law depart from your mouth; meditate on it day and night, so that you may be careful to do everything written in it. Then you will be prosperous and successful.

두낱 렡 디쓰 부커브더 러 디팥트 쁘롬 유얼 마우쓰; 메디테 잍 오닡 데이앤 나이트, 쏘우댙 유 메이비 케얼뿔 투두 에브리 씽 뤼튼 이닡. 덴 율비 프러스퍼러쓰 앤 썩쎄쓰뿔.

Do not let~하게 하지 마라   depart from에서 떠나다   your 너 mouth 입   book 책
the Law 율법   on 위에   your 너의   lips 입술   meditate(메디테이트) on ~을 묵상하다
it 그것을   day 낮   and 와, 과   night 밤   so that 그러면   be careful to 신중히,
(조심히)~하다   do 하다   everything 모든 것   written 쓰여진   then 그러면
will be ~일 것이다   successful(썩쎄쓰뿔) 성공한, 잘된   prosperous(프러스퍼러쓰)
번영(창)하는   and 그리고

8. 这律法书不可离开你的口, 总要昼夜思想, 好使你谨守遵行这书上 所写的 一切话. 如此, 你的道路就可以亨通, 凡事顺利.

zhè lǜ fǎ shū bù kě lí kāi nǐ de kǒu, zǒng yào zhòu yè sī xiǎng, hǎo shǐ

nǐ jǐn shǒu zūn xíng zhè shū shàng suǒ xiě de yí qiè huà. rú cǐ nǐ de

dào lù jiù kě yǐ hēng tōng, fán shì shùn lì.

쩌 뤼 빠 수/ 뿌 커/ 리 카이/ 니 더/ 커우,

쫑 야오 쩌우 예/ 쓰 썅, 하오 스 니 / 진 서우/ 쭌 씽

쩌 수 상/ 쒀 쎼 더/ 이 쳬 화. 루 츠, 니 더/ 따오 루

찌우 커 이/ 헝 통, 빤 스/ 순 리.

这律法(zhè lǜ fǎ 쩌뤼빠) 율법 书(shū 수) 책 不可(bù kě 뿌커) 할 수 없다, 해서는 안된다
离开(lí kāi 리카이) 떠나다, 벗어나다 你的(nǐ de 니더) 口(커우 kǒu) 말, 출입구
总要(zǒng yào 쫑야오) 늘 昼夜(zhòu yè 쩌우예) 주야로, 낮밤으로 思想(sī xiǎng 쓰썅) 생각
好使(hǎo shǐ 하오스) 쓰기 편하다 谨守(jǐn shǒu 진서우) 엄수하다
遵行(zūn xíng 쭌씽) 준행(실행)하다 这书(zhè shū 쩌수) 이 책 上(shàng 상) 위
写的(xiě de 쎼더) 글씨의 一切(yí qiè 이쳬) 모든 话(huà 화) 말
如此(rú cǐ 루츠) 이와 같이 道路(dào lù 따오루) 길 可以(kě yǐ 커이) 할 수 있다
亨通(hēng tōng 헝통) 순조롭다 凡事(fán shì 빤스) 범사에 顺利(shùn lì 순리) 순조롭다

[요14:26] 보혜사 곧 아버지께서 내 이름으로 보내실 성령 그가 너희에게 모든 것을 가르치고 내가 너희에게 말한 모든 것을 생각나게 하리라.

But the Counselor, the Holy Spirit, whom the Father will send in my name, will teach you all things and will remind you of everything I have said to you.

벝더 카운쓸럴, 더 홀리 스뻬릳, 훔더 빠덜윌 쎈드인 마이
네임, 윌 티치유 올 씽ㅈ 앤 윌 리마인듀업 에브리씽 아이
해ㅂ 쎋투유.

Counselor(카운쓸럴) 보혜사 the Holy Spirit 성령 will send 보낼 것이다 send 보내다
in my name 내 마음으로 teach 가르치다   all things 모든 것들
will remind A of B A에게 B를 생각나게 하다 everything 모든 것 have said 말했다
to ~에게

26. 但保惠师, 就是父因我的名所要差来的圣灵, 他要将一切的事, 指教你们, 并且要叫你们想起我对你们所说的一切话.

dàn bǎo huì shī, jiù shì fù yīn wǒ de míng suǒ yào chāi lái de shèng

líng, tā yào jiāng yí qiè de shì, zhǐ jiào nǐ men, bìng qiě yào jiào nǐ

men xiǎng qǐ wǒ duì nǐ men suǒ shuō de yí qiè huà.

딴/ 바오 후이 스, 찌우 스/ 뿌/ 인 워 더 밍/ 쒀 야오

차이 라이 더/ 성 링,

타 야오 쨩/ 이 체 더/ 스, 즈 쨔오/ 니 먼, 삥 체

야오 쨔오 니 먼/ 썅 치/ 워 뚜이 니 먼/ 쒀 쉬 더/

이 체 화.

但(dàn딴) 다만 그러나 保惠师(bǎo huì shī 바오후이스) 보혜사
就是(jiù shì 찌우스) 바로 ~이다 父(fù 뿌) 아버지 因(yīn 인) ~ 때문에
差来(chāi lái 차이라이) 보내져 온 圣灵(shèng líng성링) 성령 事(shì스) 일
指教(zhǐ jiào 즈쨔오) 충고하다 你们(nǐ men 니먼) 너희들에게
并且(bìng qiě 삥체) 게다가, 더욱더 要(yào 야오) ~할 것이다 叫(jiào 쨔오) 부르다
想起(xiǎng qǐ 썅치) 생각해내다 对(duì 뚜이) ~에게 你们所(nǐ men suǒ 니먼쒀) 너희 모두
说的(shuō de 쉬더) 말하는 一切(yí qiè 이체) 모든 话(huà 화) 말

11

나아만 장군을 고친 엘리사

읽기 (왕하5:1~14)   **암송** (요1:12) (살전5:16~18)

(요1:12) 영접하는 자 곧 그 이름을 믿는 자들에게는 하나님의 자녀가 되는 권세를 주셨으니.

Yet to all who received him, to those who believed in his name, he gave the right to become children of God -

옡투 올후 리씨ㅂㄷ힘, 투 도우즈후 빌리ㅂㄷ 인히즈 네임,
히 게이ㅂ더 롸잍투 비컴 췰드런어ㅂ 갇-

Yet 그러나 to 에게 all who ~하는 모든 사람들 receive(리씨ㅂ) 받다 him 그를
to those who ~하는 사람들에게 believe in ~를 믿다 his 그의 name 이름 gave 주었다
the right 권리 become 되다 children(췰드런) 아이들, 자녀들 God 하나님

12. 凡接待他的, 就是信他名的人, 他就赐他们权柄, 作神的儿女.

fán jiē dài tā de jiù shì xìn tā míng de rén, tā jiù cì tā men quán bǐng
zuò shén de ér nǚ.

빤/ 쩨 따이/ 타 더, 찌우 스/ 씬 타 밍 더 런,
타 찌우/ 츠 타 먼/ 췐 빙, 쭤/ 선 더/ 얼 뉘.

凡(fán 빤) 무릇   接待(jiē dài 쩨따이) 받다 信(xìn 씬) 믿다 他名(tā míng 타밍) 그의 이름
人(rén 런) 사람 赐(cì 츠) 베풀다 权柄(quán bǐng 췐삥) 권력 神的(shén de 선더) 하나님의
儿女(ér nǚ 얼뉘) 아들과 딸

(살전5:16~18) 항상 기뻐하라 쉬지 말고 기도하라 범사에 감사하라 이것이 그리스도 예수 안에서 너희를 향하신 하나님의 뜻이니라.

항상 기뻐하라,

16 Be joyful always,

비조이뿔 올웨이즈,

joyful 기쁜, 즐거운   always 항상, 언제나

쉬지 말고 기도하라,

17 pray continually,

프레이 컨티뉴얼리,

pray 기도하다   continually 끊임없이, 계속적으로

범사에 감사하라 이것이 그리스도 예수 안에서 너희를 향하신 하나님의 뜻이니라.

18 give thanks in all circumstances; for this is God's will for you in Christ Jesus.

기브 땡쓰인 올 썰컴스떤쓰즈; 뽈 디쓰이즈 갇즈 윌 뽈유 인 크라이스트 쥐저쓰.

give thanks 감사하다   all 모든   circumstances 환경, 상황   for 왜냐하면
God's 하나님의   will 의지   for 위해, 위한   in 속, 안   Christ Jesus 예수 그리스도

16. 要常常喜乐.

yào cháng cháng xǐ lè.

야오/ 창 창/ 씨 르어,

常常(cháng cháng 창창) 항상 喜乐(xǐ lè 씨르어) 기뻐하다

17 不住的祷告.

bù zhù de dǎo gào.

부 쭈 더/ 다오 까오,

不住(bú zhù 부쭈) 그치지않다, 쉬지않다 祷告(dǎo gào 다오까오) 기도하다

18. 凡事谢恩. 因为这是神在基督耶稣里向你们所定的旨意.

fán shì xiè ēn. yīn wèi zhè shì shén zài jī dū yē sū lǐ xiàng nǐ men suǒ

dìng de zhǐ yì.

빤 스/ 쎄 은; 인 웨이/ 쩌 스 선/ 짜이 찌 뚜 예 쑤 리

썅 니 먼/ 쒀 띵 더/ 즈 이.

凡事(fán shì 빤스) 범사에 谢恩(xiè ēn 쎄은) 감사하다
因为(yīn wèi 인웨이) 때문에, 왜냐하면 这是(zhè shì 쩌스) 이것은 ~이다
神(shén 선) 하나님 基督耶稣(jī dū yē sū 찌뚜예쑤) 예수 그리스도 里(lǐ 리) 안
向(xiàng 썅) ~를 향하여 旨意(zhǐ yì 즈이) 뜻, 의도

12

이사야를 부르신 하나님

읽기 (사6:1~13) 암송 (사40:31) (요13:34~35)

(사40:31) **오직 여호와를 앙망하는 자는 새 힘을 얻으리니 독수리가 날개 치며 올라감 같을 것이요 달음박질하여도 곤비하지 아니하겠고 걸어가도 피곤하지 아니하리로다.**

but those who hope in the LORD will renew their strength. They will soar on wings like eagles; they will run and not grow weary, they will walk and not be faint.

벝 도우즈 후 호웊 인더 롤드 윌 리뉴 데얼 스뜨렝쓰. 데이윌 쏘얼 온 윙즈 라잌 이글즈; 데이윌 런 앤낱 그로우 위어리, 데이윌 워크 앤낱비 뻬인트.

but 하지만, 그러나 those who ~하는 사람들 hope 희망하다 in 한, 속
renew 새로워지다 their 그들의 strengt(스뜨렝쓰) 힘 they 그들은(이)
soar(쏘얼) 높이 날다 on 위 wings 날개들 like ~처 럼, 같이 eagles 독수리들
run 달리다 grow 성장하다, 자라다 weary(위어리) 지쳐있는 they 그들은(이)
walk 걷다 faint(뻬인트) 약한, 힘없는

31. 但那等候耶和华的, 必从新得力. 他们必如鹰展翅上腾; 他们奔跑却不困倦, 行走却不疲乏.

dàn nà děng hòu yē hé huá de bì cóng xīn dé lì. tā men

bì rú yīng zhǎn chì shàng téng; tā men bēn pǎo què bú kùn juàn
xíng zǒu què bù pí fá.

딴/ 나 덩 허우/ 예 허 화 더, 삐 총 씬 더 리.

타 먼/ 삐 루 잉/ 잔 츠/ 상 텅;

타 먼/ 뻔 파오/ 체 부/ 쿤 쮄, 씽 저우/ 체 뿌/ 피 빠

等候(děng hòu 떵허우) 기다리다 耶和华的(yē hé huá de 예허화더) 여호와의
从新得力(cóng xīn dé lì 총씬더리) 새 힘을 얻다 必(bì 삐) 반드시, 꼭
如(rú 루) ~와 같다 鹰(yīng 잉) 매, 독수리 展翅(zhǎn chì 잔츠) 날개를 펴다
翅(chì 츠) 날개 上腾(shàng téng상텅) 상승하다, 앙등하다 他们(tā men 타먼)
그들 奔跑(bēn pǎo 뻔파오) 분주히 다니다 不(bú 뿌) ~하지 않다
困倦(kùn juàn 쿤쮄) 피곤하여 지치다 行走(xíng zǒu 씽쩌우) 걷다
却(què 체) 오히려 疲乏(pí fá 피빠) 피로, 피곤

(요13:34~35) 새 계명을 너희에게 주노니 서로 사랑하라. 내가 너희를 사
랑한 것 같이 너희도 서로 사랑하라. 너희가 서로 사랑하면 이로써 모든
사람이 너희가 내 제자인 줄 알리라.

34 "A new command I give you: Love one another. As I have
loved you, so you must love one another.

"어 뉴 컴맨드 아이 기브유: 러브 워너나덜. 애즈아이 해브
러브듀, 쏘우 유 머쓰트 러브 원어 나덜.

new 새로운 command 명령 I 내가 give 주다 one another 서로 as ~처럼, ~듯이
have loved 사랑했다 so 이와 같이 must ~해야 한다

너희가 서로 사랑하면 이로써 모든 사람들이 너희가 내 제자임을 알게 될 것이다.

35 By this all men will know that you are my disciples, if you love one another."

바이 디쓰 올 멘 윌 노우 댇 유알 마이 디싸이플즈, 이쀼 러 브 워너 나덜."

by this 이와 같이 all 모든 men 사람들 know 알다 will know 알 것이다
my 나의 disciples 제자들 if 만약 one another 서로

34. 我赐给你们一条新命令, 乃是叫你们彼此相爱; 我怎样爱你们, 你们也要怎样相爱.

wǒ cì gěi nǐ men yì tiáo xīn mìng lìng nǎi shì jiào nǐ men　bǐ cǐ xiāng ài; wǒ zěn yàng ài nǐ men nǐ men yě yào zěn yàng xiāng ài.

워 츠/ 게이 니 먼/ 이 탸오/ 씬 밍 링,
나이 스/ 쨔오 니 먼/ 비 츠/ 썅 아이;
워 쩐 양/ 아이 니 먼, 니 먼/ 예 야오/ 쩐 양/ 썅 아이

赐给(cì gěi 츠게이) 베풀어주다　你们(nǐ men 니먼) 너희들에게　一条(yì tiáo 이탸오) 한 가지
新(xīn 씬) 새로운　命令(mìng lìng 밍링) 명령　乃是(nǎi shì 나이스) 곧 ~이다
叫(jiào 쨔오) 부르다　彼此(bǐ cǐ 비츠) 서로, 상호　相爱(xiāng ài 썅아이) 서로 사랑하다
怎样(zěn yàng 쩐양) 어떻게　你们也(nǐ men yě 니먼예) 너희들도

35 你们若有彼此相爱的心, 众人因此就认出你们是我的门徒了.

nǐ me ruò yǒu bǐ cǐ xiāng' ài de xīn, zhòng rén yīn cǐ jiù rèn chū nǐ

men shì wǒ de mén tú le.

니 먼/ 뤄 여우/ 비 츠/ 쌍 아이 더/ 씬,

쫑 런/ 인 츠/ 찌우 런 추/ 니 먼 스/ 워 더 먼 투 러

若有(ruò yǒu 뤄여우) ~가 있다면   相爱的(xiāng' ài de 쌍아이더) 서로 사랑하는
心(xīn 씬) 마음   众人(zhòng rén 쫑런) 많은 사람   因此(yīn cǐ 인츠) 그러므로, 이 때문에
就(jiù 찌우) 바로, 곧   认出(rèn chū 런추) 분별(식별)하다   门徒(mén tú 먼투) 제자

13

요나의 불만

읽기 (욘4:1~11) 암송 (시127:1) (잠16:32)

(시127:1) **여호와께서 집을 세우지 아니하시면 세우는 자의 수고가 헛되며 여호와께서 성을 지키지 아니하시면 파수꾼의 깨어있음이 헛되도다.**

Unless the LORD builds the house, its builders labor in vain. Unless the LORD watches over the city, the watchmen stand guard in vain.

언레쓰더 롤드 빌즈더 하우쓰, 이츠 빌덜스 레이벌 인 베인.
언레쓰더 롤드 워치즈 오벌더 씨디, 더 워치멘 스땐드 갈드 인 베인.

Unless~하지 않으면 the LORD 여호와 builds 짓다, 세우다 house 집
the builder 세우는 사람 labor(레이벌) 애쓰다, 노동하다 in vain 헛되이, 무익하게
watches over 지켜보다 the city 도시 the guard 경비, 파수꾼 stand 서다
stand guard 경비를 서다, 지켜보다 in vain 헛되이, 무익하게

1. 若不是耶和华建造房屋, 建造的人就枉然劳力. 若不是耶和华看守城池, 看守的人就枉然警醒.

ruò bú shì yē hé huá jiàn zào fáng wū jiàn zào de rén jiù wăng rán láo lì. ruò bú shì yē hé huá kān shŏu chéng chí kān shŏu de rén jiù wăng rán jīng xǐng.

뤄 부 스/ 예 허 화/ 쩬 짜오/ 빵 우,
쩬 짜오 더 런/ 찌우 왕 란/ 라오 리;
뤄 부 스/ 예 허 화/ 칸 서우/ 청 츠,
칸 서우 더 런/ 찌우 왕 란/ 찡 씽.

若(ruò 뤄) 만약   不是(bú shì 부스) 아니다   建造(jiàn zào 쩬짜오) 짓다, 세우다
房屋(fáng wū 빵우) 집, 건물   枉然(wăng rán 왕란) 헛되다, 헛수고다
劳力(láo lì 라오리) 노력   看守(kān shŏu 칸서우) 관리하다, 감시하다
城池(chéng chí 청츠) 성벽   警醒(jǐng xǐng 찡씽) 경계

(잠16:32) **노하기를 더디 하는 자는 용사보다 낫고 자기의 마음을 다스리는 자는 성을 빼앗는 자보다 나으니라.**

Better a patient man than a warrior, a man who controls his temper than one who takes a city.

베럴어 페이션 맨 댄어 워리얼, 어맨후 컨트롤즈 히즈 템펄 댄 원후 테익쓰어 씨디.

Better 더 좋은   patient(페이션) 참는, 인내심이 강한   person 사람   than ~보다
warrior(워리얼) 전사   one with self-control 자제심 있는 사람   self-control 자제심
temper(템펄) 성질   one who~:~하는 사람   takes 빼앗다, 탈취하다   city 도시

32. 不轻易发怒的, 胜过勇士. 治服己心的, 强如取城.

bù qīng yì fā nù de, shèng guò yǒng shì. zhì fú jǐ xīn de, qiáng rú qǔ chéng.

뿌 칭 이/ 빠 누 더, 성 꿔/ 용 스;
쯔 뿌/ 지 씬 더, 챵 루/ 취 청.

轻易(qīng yì 칭 이) 가볍게, 쉽사리   发怒(fā nù 빠누) 노하다, 성내다
胜过(shèng guò 성꿔) ~보다 낫다   勇士(yǒng shì 용스) 용사
治服(zhì fú 쯔뿌) 다스리다, 제압하다   己(jǐ 찌) 자기, 자신   心(xīn 씬) 마음
强(qiáng 챵) 강하다, 힘세다   如(rú 루) ~와 같다   取(qǔ 취) 손에 넣다   城(chéng 청) 성

14

엘리야를 부르신 하나님

읽기 (렘1:24~38)　**암송** (렘33:3) (마5:8)

(렘33:3) **너는 내게 부르짖으라 내가 네게 응답하겠고 네가 알지 못하는 크고 은밀한 일을 네게 보이리라.**

'**Call to me and I will answer you and tell you great and unsearchable things you do not know.**'

'콜 투미 앤 아윌 앤썰유 앤 텔유 그레잍 앤 언썰처블 띵즈 유 두낱 노우.'

call 소리 내어 부르다　to me 나에게　and 그러면　will answer 대답할 것이다
you 너에게　tell 말하다　great 위대한　unsearchable(언썰처블) 헤아릴 수 없는
things 것들　do not know 모르다　know 알다

3. 你求告我, 我就应允你, 并将你所不知道, 又大又难的事指示你.

nǐ qiú gào wǒ wǒ jiù yīng yǔn nǐ, bìng jiāng nǐ suǒ bù zhī dào, yòu dà yòu nán de shì zhǐ shì nǐ.

니 치우 까오/ 워, 워 찌우/ 잉 윈 니,

뻥 쨩/ 니 쒀/ 뿌 쯔 따오,

여우 따/ 여우 난 더/ 스/ 즈 스 니.

求告(qiú gào 치우까오) 간절히 바라다　应(yīng 잉) 대답하다　允(yǔn 윈) 승낙하다
并将(bìng jiāng 삥쌍) 그리고 ~할 것이다　不知道(bù zhī dào 뿌쯔따오) 모르다
大(dà 따) 크다　又(yòu 여우) A 又 B: A하고 B 하다　难的(nán de 난더) 어려운
事(shì 스) 일　指示(zhǐ shì 즈스) 가리키다, 지시하다

[마5:8] 마음이 청결한 자는 복이 있나니 그들이 하나님을 볼 것임이요

Blessed are the pure in heart, for they will see God.

블레쓰드알 더 퓨얼인 할트, 뽈 데이 윌씨 갇.

Blessed are 복되다　pure(퓨얼) 순수한　the pure 순수한 사람　heart 마음, 심장
for ~때문에, 이유로　they 그들은(이)　will see 볼 것이다　God 하나님

8. 清心的人有福了! 因为他们必得见神.

qīng xīn de rén yǒu fú le yīn wèi tā men bì dé jiàn shén.

칭 씬 더 런/ 여우 뿌 러!
인 웨이/ 타 먼/ 삐 더/ 쪤 선.

清心的(qīng xīn de 칭씬더) 깨끗한 마음의　有(yǒu 여우) 있다　福(fú 뿌) 복
因为(yīn wèi 인웨이) 왜냐하면, 때문에　他们(tā men 타먼) 그들은　必(bì 삐) 반드시
见(jiàn 쪤) 보다　神(shén 선) 하나님

15

마른 뼈를 군대로 만드신 하나님

읽기 (겔37:1~14) 암송 (슥4:6) (사60:22)

(슥4:6) 그가 내게 대답하여 이르되 여호와께서 스룹바벨에게 하신 말씀이 이러하니라 만군의 여호와께서 말씀하시되 이는 힘으로 되지 아니하며 능력으로 되지 아니하고 오직 나의 영으로 되느니라.

So he said to me, "This is the word of the LORD to Zerubbabel: 'Not by might nor by power, but by my Spirit,' says the LORD Almighty.

쏘우 히 쎋투미, "디쓰 이즈더 월더브더 롤드 투 즈루바블: '낱 바이 마일 노얼 바이 파월, 벝 바이 마이 스삐맅,' 쎄즈더 롤드 얼마이티.

So 그래서 he 그는, 그가 said 말했다 to me 나에게 This is 이것은 ~이다
the word of the LORD 여호와의 말씀 to ~에게 Not A nor B A도 아니고 B도 아닌
by ~로 might 세력, 권력 by power 힘으로 by my Spirit 내 영으로 says 말하다
Almighty(얼마이티) 전능한

6. 他对我说：这是耶和华指示所罗巴伯的. 万军之耶和华说：不是倚靠势力, 不是倚靠才能, 乃是倚靠我的灵方能成事.

tā duì wǒ shuō: zhè shì yē hé huá zhǐ shì suǒ luó bā bó de.

wàn jūn zhī yē hé huá shuō: bú shì yǐ kào shì lì bú shì yǐ kào cái néng,

nǎi shì yǐ kào wǒ de líng fāng néng chéng shì.

타/ 뚜이 워/ 쉬:

쩌 스/ 예 허 화/ 즈 스/ 쒀 뤄 바 붜 더.

완 쮠 쯔/ 예 허 화/ 쉬:

부 스/ 이 카오/ 스 리, 부 스/ 이 카오/ 차이 넝,

나이 스/ 이 카오/ 워 더 링/ 빵 넝/ 청 스.

他(tā 타) 그가, 그는 对我(duì wǒ 뚜이워) 나에게 说(shuō 쉬) 말하다

这是(zhè shì 쩌스) 이것은 ~이다 耶和华(yē hé huá yē hé huá 예허화) 여호와

指示(zhǐ shì 즈스) 지시하다, 가리키다 所罗巴伯(suǒ luó bā bó 쒀뤄바붜) 스룹바벨

万军之(wàn jūn zhī 완쮠쯔) 만군의 不是(bú shì 부스) ~가 아니다

倚靠(yǐ kào 이카오) 의탁(의지)하다, 믿다 势力(shì lì 스리) 세력

才能(cái néng차이넝) 재능 乃是(nǎi shì 나이스) 바로 ~이다

我的灵(wǒ de líng 워더링) 나의 영 方能(fāng néng 빵넝) 비로서 ~할 수 있다

成事(chéng shì 청스) 성공하다, 일을 이루다

(사60:22) **그 작은 자가 천명을 이루겠고 그 약한 자가 강국을 이룰 것이라**
때가 되면 나 여호와가 속히 이루리라.

The least of you will become a thousand, the smallest
a mighty nation. I am the LORD; in its time I will do this
swiftly.

더 리스터뷰 윌 비컴어 싸우전드, 더 스몰리쓸 어 마이티
네이션. 아이 엠더 롤드; 인이츠 타임 아윌두 디쓰 스위틀리.

The least 가장 작은 of ~의 become 되다 a thousand 1000, 천
the smallest 가장 작은   mighty 강대한 nation 나라 its 그것의 time 시간, 때
will do 할 것이다 this 이것을 swiftly 신속하게, 빠르게

22. 至小的族要加增千倍; 微弱的国必成为强盛. 我耶和华要按定期速成这事.

zhì xiǎo de zú yào jiā zēng qiān bèi; wēi ruò de guó bì chéng wéi

qiáng shèng. wǒ yē hé huá yào àn dìng qī sù chéng zhè shì.

쯔 쌰오 더/ 쭈/ 야오 쨔 쩡/ 쳰 뻬이;

웨이 뤄 더/ 궈/ 삐 청 웨이/ 챵 셩.

워 예 허 화/ 야오 안 띵 치/ 쑤 청/ 쩌 스.

至小的(zhì xiǎo 쯔 쌰오) 더 가장 작은 族(zú 쭈) 민족 加(jiā 쨔) 더하다. 보태다
增(zēng 쩡) 증가하다 千倍(qiān bèi 쳰삐에이) 1000배 微弱的(wēi ruò de 웨이뤄더) 미약한
国(guó 궈) 나라 必(bì 삐) 반드시 成为(chéng wéi 청웨이) ~로 되다 强盛(qiáng shèng 챵셩)
강성하다 速成(sù chéng 쑤청) 속히 이루다 这事(zhè shì 쩌스) 이 일

16

철학책전도서

읽기 (전3:1~15) 암송 (잠4:23) (잠9:10)

(잠4:23) **모든 지킬 만한 것 중에 더욱 네 마음을 지키라 생명의 근원이 이에서 남이니라.**

Above all else, guard your heart, for it is the wellspring of life.

어버볼 엘쓰, 갈듀얼 할트, 뽈 이리즈 더 웰 스쁘링 어브 라이쁘.

Above all 무엇보다도 else 그밖에 guard 지키다 your 너의
heart 마음, 심장 wellspring 원천(마르지않는) of ~의 life 생명

23. 你要保守你心, 胜过保守一切, 因为一生的果效, 是由心发出.

nǐ yào bǎo shǒu nǐ xīn, shèng guò bǎo shǒu yí qiè, yīn wèi yì shēng de guǒ xiào, shì yóu xīn fā chū.

니 야오 바오 서우/ 니 씬, 성 꿔/ 바오 서우/ 이 체,
인 웨이/ 이 성 더/ 궈 샤오, 스 여우/ 씬 빠 추.

保守(bǎo shǒu 바오서우) 지키다 胜过(shèng guò 성꿔) ~보다 낫다
一切(yí qiè 이체) 모든, 온갖 一生的(yì shēng de 이성더) 평생의 果(guǒ 궈) 과일, 열매
效(xiào 샤오) 효과 发出(fā chū 빠추) 내보내다

<u>(잠9:10)</u> **여호와를 경외하는 것이 지혜의 근본이요, 거룩하신 자를 아는**
것이 명철이니라.

The fear of the LORD is the beginning of wisdom, and
knowledge of the Holy One is understanding.

더 뻬어러브더 롤ㄷ 이즈더 비기닝업 위즈덤, 앤 널리쥐 어브
더 홀리원 이즈 언덜스땐딩.

fear 두려움   the beginning 시작   wisdom 지혜   knowledge(널리쥐) 지식
the Holy One 거룩한 분   understanding 지식, 깨달음

10. 敬畏耶和华, 是智慧的开端; 认识至圣者, 便是聪明.

jìng wèi yē hé huá shì zhì huì de kāi duān;

rèn shi zhì shèng zhě biàn shì cōng míng.

찡 웨이/ 예 허 화, 스/ 쯔 후이 더/ 카이 똰;

런 스/ 쯔 성 저, 뻰 스/ 총 밍.

敬畏(jìng wèi 찡웨이) 경외하다   是(shì 스) 이다   智慧的(zhì huì de 쯔 훼이 더) 지혜의
开端(kāi duān 카이 똰) 발단(시작)하다   认识(rèn shi 런스) 알다, 인식하다
至圣者(zhì shèng zhě 쯔성저) 거룩한 자

17

사자굴의 다니엘

읽기 (단6:10~24) 암송 (사55:6) (롬8:28)

(사55:6) **너희는 여호와를 만날 만한 때에 찾으라, 가까이 계실 때에 그를 부르라.**

Seek the LORD while he may be found; call on him while he is near.

씩더 롤드 와일히 메이비 빠운드; 콜온힘 와일 히이즈 니얼.

Seek 찾다 while ~동안 he 그는, 그가 may ~할지도 모른다 be found 발견되다
call 부르다 him 그를, 그에게 is 있다, 이다 near 가까운

6. 当趁耶和华可寻找的时候寻找他, 相近的时候求告他.

dāng chèn yē hé huá kě xún zhǎo de shí hou xún zhǎo tā, xiāng jìn de shí hou qiú gào tā.

땅 천/ 예 허 화/ 커 쒼 짜오 더/ 스 허우/ 쒼 짜오/ 타
쌍 찐 더/ 스 허우/ 치우 까오/ 타.

当(dāng 땅) A~ 的时候(shí hou 스 허우) A가 ~할 때 寻找(xún zhǎo 쒼자오) 찾다
相近的(xiāng jìn de 쌍찐더) 비슷한 求告(qiú gào 치우까오) 간절히 바라다

(롬8:28) **우리가 알거니와 하나님을 사랑하는 자 곧 그의 뜻대로 부르심을 입은 자들에게는 모든 것이 합력하여 선을 이루느니라.**

And we know that in all things God works for the good of those who love him, who have been called according to his purpose.

앤위 노우 댙인 올 씽즈 갇 월ㄱ쓰 뽈더 굳업 도우즈후 러브 힘, 후 해빈 콜ㄷ 어콜딩투 히즈 펄퍼쓰.

we 우리는(가) know 알다   in all things 모든 것들   God works for ~를 위해 일하다
the good 선   those who~:~하는 사람들   him 그를, 그에게   call 부르다
have been called 부름을 받았다   according(어콜딩) to ~에 따라서   his 그의
purpose(펄퍼쓰) 목적

28. 我们晓得万事都互相效力, 叫爱神的人得益处, 就是按他旨意被召的人.

wǒ men xiǎo de wàn shì dōu hù xiāng xiào lì, jiào ài shén de rén dé yì chu, jiù shì àn tā zhǐ yì bèi zhào de rén.

워 먼/ 샤오 더/ 완 스 떠우/ 후 쌍/ 샤오 리,

쨔오/ 아이 선 더/ 런 더/ 이 추,

찌우 스/ 안 타/ 즈 이/ 뻬이/ 짜오 더 런.

晓得(xiǎo de 샤오더) 알다   万事(wàn shì 완스) 모든 일   互相(hù xiāng 후쌍) 서로
效力(xiào lì 샤오리) 효력, 효과   益处(yì chu이추) 좋은(유리한) 점
按(àn 안) ~에 따라서(의해서)   旨意(zhǐ yì 쯔이) 의도, 뜻

18

엘리사벳과 마리아의 잉태

읽기 (눅1:24~38) **암송** (고전3:16) (빌2:5~6)

(고전3:16) **너희는 너희가 하나님의 성전인 것과 하나님의 성령이 너희 안에 계시는 것을 알지 못하느냐?**

Don't you know that you yourselves are God's temple and that God's Spirit lives in you?

돈츄 노우댙 유 유얼쎌브즈 알 갇즈 템플 앤댙 갇즈 스삐맅 리브즈 인유?

Don't you know~? 너희들은 ~을 모르니? yourselves 당신자신들 are 이다 God's 하나님의 temple(템플) 사원, 성전 God's Spirit 하나님의 영

16. 岂不知你们是神的殿, 神的灵住在你们里头麽?

qǐ bù zhī nǐ men shì shén de diàn, shén de líng zhù zài nǐ men lǐ tou me?

치 뿌 쯔/ 니 먼 스/ 선 더 뗸,
선 더 링/ 쭈 짜이/ 니 먼/ 리 터우 머?

岂(qǐ 치) 어찌 ~하겠는가? 不知(bù zhī 뿌쯔) 모르다 你们(nǐ men 니먼) 너희들
神的殿(shén de diàn 선더뗸) 하나님의 전 神的灵(shén de líng 선더링) 하나님의 영
住在(zhù zài 쭈짜이) ~에 살다 你们(nǐ men 니먼) 너희들 里头(lǐ tou 리터우) 안, 내부, 속

(빌2:5~6) **너희 안에 이 마음을 품으라 곧 그리스도 예수의 마음이니 그는 근본 하나님의 본체시나 하나님과 동등됨을 취할 것으로 여기지 아니 하시고**

5 Your attitude should be the same as that of Christ Jesus:

유얼 애리튜두 슈드비더 쎄임 애즈댙 어브 크라이쓷 쥐저쓰:

attitude 태도   should ~해야 한다, 해야 할 것이다   the same as ~와 똑같은

6 Who, being in very nature God, did not consider equality with God something to be grasped.

후, 비잉 인 베리 네이쳘 갇, 디드낱 컨씨덜 이퀄러티 위드 갇 썸씽 투비 그래쓮트.

being 이면서   very 실로, 바로   nature(네이쳘) 천성, 본질
consider(컨씨덜) ~라 여기다, 고려하다   did not consider ~라 생각하지 않았다
equality(이퀄러티) with ~와 대등한   God something 무언가   be used 사용되다
graspe(그래쓮트) 움켜잡다, 붙잡다

5. 你们当以基督耶稣的心为心：

nǐ men dàng yǐ jī dū yē sū de xīn wéi xīn:

니 먼/ 땅 이/ 찌 뚜/ 예 쑤 더/ 씬 웨이/ 씬:

当(dàng 땅)~에 해당하다   以(yǐ 이) ~로써
基督耶稣的(jī dū yē sū de 찌뚜예쑤더) 예수 그리스도의
心(xīn 씬) 마음   为(wéi 웨이) ~를 위하여

6. 他本有神的形像，不以自己与神同等为强夺的;

tā běn yǒu shén de xíng xiàng, bù yǐ zì jǐ yǔ shén tóng děng wéi

qiáng duó de;

타 번/ 여우 선 더/ 씽 썅,

뿌 이 쯔 지/ 위 선/ 통 덩/ 웨이/ 챵 둬 더;

他(tā 타) 그는, 그가   本(běn 뻔) 본래   有(yǒu 여우) 가지다, 있다
神的(shén de 선더) 하나님의   形像(xíng xiàng 씽썅) 형상   自己(zì jǐ 쯔지) 자기
与(yǔ 위) ~와 함께   同等(tóng děng 통덩) 동등하다   为(wéi 웨이) ~위해
强夺(qiáng duó 챵둬) 침탈하다

19

예수탄생

읽기 (눅2:1~14) **암송** (마1:21) (요14:6)

(마1:21) 아들을 낳으리니 이름을 예수라 하라 이는 그가 자기 백성을 그들의 죄에서 구원할 자이심이라 하니라

She will give birth to a son, and you are to give him the name Jesus, because he will save his people from their sins.

쉬위을 기브 벌쓰 투어 썬, 앤 유 알투 기브 힘더 네임 쥐저쓰, 비커즈 히위을 쎄이브 히즈 피플 쁘롬 데얼 씬즈.

She 그녀는(가) will ~할 것이다   give birth(벌쓰) to ~를 낳다 son 아들
are to ~할 것이다   give 주다   him 그에게   name 이름 Jesus 예수   because 왜냐하면
he 그는(가) will save 구할 것이다   his 그의   people 사람들   from ~에서   their 그들의
sins 죄들

21. 他将要生一个儿子. 你要给他起名叫耶稣, 因他要将自己的百姓从罪恶里救出来.

tā jiāng yào shēng yí gè ér zi. nǐ yào gěi tā qǐ míng jiào yē sū, yīn tā yào jiāng zì jǐ de bǎi xìng cóng zuǐ' è lǐ jiù chū lái.

타 쨩/ 야오 성/ 이 꺼/ 알 즈,

니 야오/ 게이 타/ 치 밍/ 쨔오/ 예 쑤,

인/ 타 야오 쨩/ 쯔 지 더/ 바이 씽

총/ 쭈이 어 리/ 찌우 추 라이.

将要(jiāng yào 쨩야오) 막 ~하려하다 生(shēng 성) 낳다 一个(yí gè 이꺼) 한사람, 한 개
儿子(ér zi 알즈) 아들 给(gěi 게이) 주다 起名(치밍) 이름을 짓다 名(míng 밍) 이름
叫(jiào 쨔오) 부르다 耶稣(예쑤) 예수 因(yīn 인) 왜냐하면 自己的(쯔지더) 자기의
百姓(bǎi xìng 바이씽) 백성 从(cóng 총) ~에서 罪恶(zuì' è 쮀이으어) 죄악
里(lǐ 리) 안, 속 救出(jiù chū 찌우추) 구출하다

(요14:6) **예수께서 이르시되 내가 곧 길이요 진리요 생명이니 나로 말미암 지 않고는 아버지께로 올 자가 없느니라.**

Jesus answered, "I am the way and the truth and the life. No one comes to the Father except through me.

쥐저쓰 앤썰드, "아이 엠더 웨이 앤더 트루쓰 앤더 라이쁘. 노 원 컴즈 투더 빠덜 엑쎕 쓰루 미.

answered 대답했다 I 나는, 내가 am 이다 the way 길 the truth 진리 the life 생명
No one 아무도 ~않다 comes 오다 to ~로 the Father 아버지, 하나님
except(엑쎕) ~를 빼고, 제외하고 through(쓰루) ~를 통하여 me 나를

6. 耶稣说我就是道路, 真理, 生命 ; 若不借着我, 没有人能到父那里去.

yē sū shuō wǒ jiù shì dào lù zhēn lǐ shēng mìng; ruò bu jiè zhe wǒ méi yǒu rén néng dào fù nà lǐ qù.

예 쑤 쉮, 워/ 찌우 스/ 따오 루, 쩐 리, 성 밍.

뤄 부/ 쪠 저 워 메이 여우 런/

넝 따오 뿌/ 나 리 취

说(shuō 쉮) 말하다 我(wǒ 워) 나는, 내가 就是(jiù shì 찌우스) 바로(곧) ~이다
道路(dào lù 따오 루) 길 真理(zhēn lǐ 쩐리) 진리 生命(shēng mìng 성밍) 생명
若(ruò 뤄) 만약 借着(jìe zhe 쪠저) ~에 의해 没有人(méi yǒu rén 메이여우런) 아무도
能(néng 넝) ~할 수 있다 到(dào 따오) 도착하다 父(fù 뿌) 아버지
那里(nà lǐ 나리) 거기 去(qù 취) 가다

20

예수의 어린 시절

읽기 (눅2:41~52) 암송 (막10:15) (엡6:1~3)

(막10:15) 내가 진실로 너희에게 이르노니 누구든지 하나님의 나라를 어린 아이와 같이 받들지 않는 자는 결단코 그 곳에 들어가지 못하리라 하시고.

I tell you the truth, anyone who will not receive the kingdom of God like a little child will never enter it.

아이 텔유더 트루쓰, 애니원 후윌낱 리씨브더 킹덤어브 갇 라이커 리를 촤일드 윌네벌 엔털잍.

Truly 진실로 tell 말하다 anyone 누구든지 will not ~하지 않으려하다 receive 받다
the kingdom of God 하나님의 나라(왕국) like 처럼, 같이 a 하나의 little 작은, 어린
child 아이 will never ~ 절대 ~하지 않을 것이다 enter 들어가다

---

15. 我实在告诉你们, 凡要承受神国的, 若不像小孩子, 断不能进去.

wǒ shí zai gào su nǐ men fán yào chéng shòu shén guó de, ruò bú xiàng xiǎo hái zǐ duàn bù néng jìn qù.

워 스 짜이 까오 쑤/ 니 먼, 빤 야오/ 청 서우/ 선 궈 더,

뤄 부 썅/ 샤오 하이 즈, 딴/ 뿌 넝/ 찐 취.

实在(shí zài 스짜이) 진실로　告诉(gào su 까오쑤) 말하다 알리다
承受(chéng shòu 청서우) 감당하다, 이겨내다, 접수하다
神国的(shén guó de 선궈더) 하나님 나라의　若不(ruò bú 뤄부) ~하지 않으면
像(xiàng 쌍) ~와 같이　断(duàn 똰) 절대로, 결코　不能(bù néng 뿌넝) 할 수 없다
进去(jìn qù 찐취) 들어가다

(엡6:1~3) 자녀들아 주안에서 너희 부모에게 순종하라 이것이 옳으니라. "네 아버지와 어머니를 공경하라." 이것은 약속이 있는 첫 계명이니 이로써 네가 잘되고 땅에서 장수하리라.

자녀들아 주안에서 너희 부모에게 순종하라 이것이 옳으니라.

1 Children, obey your parents in the Lord, for this is right.

췰드런, 오베이 유얼 패런츠 인더 롤드, 뽈 디쓰이즈 롸이트.

Children 아이들 obey 복종하다, 다르다　parents 부모님　in the Lord 주안에서　is right 옳다

"네 아버지와 어머니를 공경하라." 이것은 약속이 있는 첫 계명이니

2 "Honor your father and mother" - which is the first commandment with a promise-

"어널 유얼 빠덜앤 마덜" - 위치 이즈더 뻘스트 컴맨드먼트 위드어 프라미쓰-

commandment(컴맨드먼트) 명령　promise(프라미쓰) 약속

이로써 네가 잘되고 땅에서 장수하리라.

3 "that it may go well with you and that you may enjoy long life on the earth."

댇릳 메이 고우 웰 위듀 앤댙 유 메이 인조이 롱 라이쁘 온 디 얼쓰."

go well 잘 돼가다 with 함께, 같이 enjoy 즐기다 long life 장수 on the earth 땅에서

1 你们作儿女的, 要在主里听从父母, 这是理所当然的.

nǐ men zuò ér nǚ de yào zài zhǔ lǐ tīng cóng fù mǔ, zhè shì lǐ suǒ dāng rán de.

니 먼 쭤/ 알 뉘 더, 야오 짜이/ 쭌 리/ 팅 총/ 뿌 무,
쩌 스/ 리 쒀/ 땅 란 더.

儿女(ér nǚ 알뉘) 아들과 딸 在主里(zài zhǔ lǐ 짜이쭈리) 주안에서 听从(tīng cóng 팅총)
복종하다, 순종하다 理所当然(lǐ suǒ dāng rán 리쒀땅란) 도리로 보아 당연하다

2 要孝敬父母, 使你得福, 在世长寿. 这是第一条带应许的诫命.

yào xiào jìng fù mǔ shǐ nǐ dé fú, zài shì cháng shòu zhè shì dì yī tiáo dài yīng xǔ de jiè mìng.

야오 샤오 찡 뿌 무 / 스 니 더/ 뿌, 짜이 스/ 창 서우
쩌 스/ 띠 이 탸오/ 따이/ 잉 쒀 더/ 쪠 밍.

孝敬(xiào jìng 샤오찡) 공경(효경)하다 父母(fù mǔ 뿌무) 부모 在世(zài shì 짜이스) 세상에서
长寿(cháng shòu 창서우) 장수하다, 오래살다 应许的(yīng xǔ de 잉쒀더) 허락(승낙)한(된)
诫命(jiè mìng 쪠밍) 계명

21 마귀의 유혹을 이기신 예수님

읽기 (마4:1~11) 암송 (마4:4) (벧전5:8)

(마4:4) **예수께서 대답하여 이르시되 기록되었으되 사람이 떡으로만 살 것이 아니요 하나님의 입으로 나오는 모든 말씀으로 살 것이라 하였느니라 하시니**

Jesus answered, "It is written: 'Man does not live on bread alone, but on every word that comes from the mouth of God.'"

쥐저쓰 앤썰드, "이리즈 뤼튼: '맨 더즈낱 리브온 브레드 얼론, 버론 에브리 월드댙 컴즈 쁘롬더 마우쓰 어브 갇.'"

answered 대답했다 write(롸이트) 쓰다 is written(뤼튼) 쓰여지다 Man 사람, 남자
shall not ~하지 않을 것이다 live on ~로 살다 bread 빵 alone 혼자서, ~만
not A but B A가 아니라 B 이다 every 모두, 전부 word 말, 말씀
comes from ~에서 나오다 mouth 입

4 耶稣却回答说: 经上记着说: 人活着, 不是单靠食物, 乃是靠神口里所出的一切话.

yē sū què huí dá shuō: jīng shàng jì zhe shuō: rén huó zhe bú shì dān kào shí wù nǎi shì kào shén kǒu lǐ suǒ chū de yí qiè huà.

예 쑤/ 췌 후이 다 쉬: 찡 상/ 찌 저 쉬:

런 훠 저, 부 스/ 딴 카오 스 우,

나이 스/ 카오 선/ 커우 리/ 쒀 추 더 이 체 화.

却(què 췌) 오히려, 그러나   回答(huí dá 훼이다) 대답하다   记着(jì zhe 찌저) 기록한
不是(bú shì 부스) ~가 아니다   单(dān 딴) 오직   靠(kào 카오) 의지하다, 기대다
食物(shí wù 스우) 식물, 음식   乃是(nǎi shì 나이 스) 곧 ~이다   神(shén 선) 하나님
口里(kǒu lǐ 커우리) 입안   出的(chū de 추더) 나오는   一切(yí qiè 이체) 모든   话(huà 화) 말

(벧전5:8) 근신하라 깨어라 너희 대적 마귀가 우는 사자같이 두루 다니며 삼킬 자를 찾나니

Be self-controlled and alert. Your enemy the devil prowls around like a roaring lion looking for someone to devour.

비 쎌쁘-컨트롤ㄷ 앤 얼럴ㅌ. 유얼 에너미 더 데비을 프라울ㅈ
어라운ㄷ 라이커 로어링 라이언 루킹뽈 썸원투 디바우얼.

self-control 자기조절   Be alert(얼럴ㅌ) 정신을 바짝 차려라   Your 너의   enemy 적
the devil 악마, 사탄   prowls(프라울ㅈ) 먹이를 찾아 돌아다니다   around 주위, 주변
like 처럼   roaring(로어링) 울부짖는   lion 사자   look for ~를 찾다   someone 누군가
devour(디바우얼) 먹어치우다, 게걸스럽게 먹다

8 务要谨守, 儆醒. 因为你们的仇敌魔鬼, 如同吼叫的狮子, 遍地游行, 寻找可吞吃的人.

wù yào jǐn shǒu jǐng xǐng. yīn wèi nǐ men de chóu dí mó guǐ rú tóng hǒu jiào de shī zi, biàn dì yóu xíng xún zhǎo kě tūn chī de rén.

우 야오 진 서우, 찡 씽. 인 웨이/ 니 먼 더 처우 디
뭐 구이, 루 통/ 허우 쨔오 더/ 스 즈, 삔 띠/ 여우 씽,
쒼 자오/ 커 툰 츠 더 런.

务要(wù yào 우야오) 반드시, 해야한다   谨守(jǐn shǒu 찐서우) 엄수하다 충실하다
儆醒(jǐng xǐng 찡씽) 깨어있다   仇敌(chóu dí 처우디) 원수, 적
吼叫的(hǒu jiào de 허우쨔오더) 큰소리로 부르짖는   遍地(biàn dì 삔띠) 도처, 곳곳
吞吃(tūn chī 툰츠) 통째로 삼키다, 횡령하다

22

예수께서 하신 일

읽기 (눅4:16~30) 암송 (잠16:2) (요17:3)

(잠16:2) **사람의 행위가 자기 눈에는 다 깨끗해 보여도 여호와께서는 그 마음을 꿰뚫어 보시느니라.**

All a mans ways seem innocent to him, but motives are weighed by the LORD.

올어 맨즈 웨이즈 씸 이노썬 투힘, 벝 모우티브즈알 웨이드
바이더 롤드.

All 다, 전부 man's 사람의 ways 길들, 방법들 seem(씸) ~인 것 같다
innocent(이노썬트) 순결한, 결백한 to him 그에게 motives(모우티브즈) 동기(원인)들
are weighed(웨이드) by ~에 의해 평가(가늠)되다

2 人一切所行的, 在自己眼中看为清洁；惟有耶和华衡量人心.

rén yí qiè suǒ xíng de zài zì jǐ yǎn zhōng kàn wéi qīng jié; wéi yǒu yē
hé huá héng liang rén xīn.

런 이 쳬/ 쒀 씽 더, 짜이 쯔 지/ 옌 쫑/ 칸 웨이 칭 지에
웨이 여우/ 예 허 화/ 헝 량 런 씬.

人(rén 런) 사람 一切(yí qiè 이체) 모든 所行的(suǒ xíng de 쒀씽더) 행한바 在(zài 짜이)~에
自己(zì jǐ 쯔지) 자기 眼(yǎn 옌) 눈 眼中(yǎn zhōng 옌쫑) 관점 看(kàn 칸) 보다
清洁(qīng jié 칭쪠) 청결하다, 깨끗하다 惟有(wéi yǒu 웨이여우) 다만
衡量(héng liang 헝량) 따져보다, 평가하다 판단하다 人心(rén xīn 런씬) 사람 마음

<u>(요17:3)</u> **영생은 곧 유일하신 참 하나님과 그가 보내신 자 예수 그리스도**

를 아는 것이니이다

Now this is eternal life: that they know you, the only true

God, and Jesus Christ, whom you have sent.

나우 디쓰이즈 이털너을 라이쁘: 댙데이 노우유, 디 온리 트루

갇, 앤 쥐저쓰 크라이스트, 훔유 해브 쎈트.

Now 이제 this 이것 is 이다 eternal(이털너을) 영원한 life 생명, 삶 they 그들이(가)
know 알다 the only 유일한 true 진실한 whom: (who의 목적격)~를, 누구를
send 보내다 have sent 보냈다

3 认识你独一的真神, 并且认识你所差来的耶稣基督, 这就是永生.

rèn shi nǐ dú yī de zhēn shén, bìng qiě rèn shi nǐ suǒ chāi lái de yē sū

jī dū zhè jiù shì yǒng shēng.

런 스 니 두 이 더/ 쩐 선, 삥 쳬 런 스/ 니 쒀/ 차이

라이 더/ 예 쑤 찌 뚜, 쩌/ 찌우 스/ 용 성.

认识(rèn shi 런스) 알다 独一的(dú yī de 두이더) 유일한 真神(zhēn shén 쩐선) 진실한 하나님
并且(bìng qiě 삥쳬) 또한, 게다가 差来(chāi lái 차이라이) 사자, 심부름꾼 这(zhè 쩌) 이, 이것
就是(jiù shì 찌우스) 바로 ~이다 永生(yǒng shēng 용성) 영생하다, 영원히 살다

23

전인구원

읽기 (막3:1~12)   **암송** (마6:33) (사59:1~2)

(마6:33) 그런즉 너희는 먼저 그의 나라와 그의 의를 구하라 그리하면 이 모든 것을 너희에게 더하시리라.

But seek first his kingdom and his righteousness, and all these things will be given to you as well.

벝 씩 뻘스트 히즈 킹덤 앤ᄃ 히즈 롸이쳐쓰니쓰, 앤 올 디즈 씽
ᄌ 윌비 기븐투유 애즈 웰.

seek 구하다, 찾다 first 먼저 his 그의 kingdom 왕국
righteousness(롸이쳐쓰니쓰) 의로움 all these things 이 모든 것들 give 주다
be given 주어지다 will be given 주어질 것이다 to you 너(희)에게 as well 마찬가지로

33 你们要先求他的国和他的义, 这些东西都要加给你们了.

nǐ men yào xiān qiú tā de guó hé tā de yì, zhè xiē dōng xi dōu yào
jiā gěi nǐ men le.

니 먼 야오/ 쎈 치우/ 타 더 궈/ 허 타 더 이,
쩌 쎼 똥 씨/ 떠우 야오/ 쨔 게이/ 니 먼 러.

你们(nǐ men 니먼) 너희들은 先(xiān 쎈) 먼저 求(qiú 치우) 구하다
他的(tā de 타더) 그의 国(궈) 나라 和(hé 허) 와, 과 义(yì 이) 의
东西(dōng xi) 물건, 것(도리·지식·예술 따위의) 추상적인 것
都(dōu 떠우) 모두 다 加(jiā 쨔) 더하다 给(gěi 게이) 주다

[사59:1~2] **여호와의 손이 짧아 구원하지 못하심도 아니요, 귀가 둔하여 듣지 못하심도 아니라. 오직 너희 죄악이 너희와 너희 하나님 사이를 갈라놓았고 너희 죄가 그의 얼굴을 가리어서 너희에게서 듣지 않으시게 함이니라.**

1. Surely the arm of the LORD is not too short to save, nor his ear too dull to hear.

슈얼리 디 앎 어브더 롤ᄃ 이즈낱 투 숖ᄐ 투 쎄이브, 노얼 히즈 이얼 투 덜 투 히얼.

Surely 분명히, 확실히 arm 팔 of ~의 the LORD 여호와 is not ~가 아니다 too 너무
short 짧든 save 구하다, 살리다 not A nor B: A도 B도 아니다 his 그의 ear 귀
too A to B: B 하기에 너무 A한 dull (덜) 둔한 hear 듣다

2 But your iniquities have separated you from your God; your sins have hidden his face from you, so that he will not hear.

버츄얼 이니쿼티즈 해브 쎄퍼레이티듀 쁘롬 유얼 갇; 유얼 씬ᄌ 해브 히든 히즈 뻬이쓰 쁘롬 유, 쏘우 댙 히윌 낱 히얼.

iniquities(이니쿼티즈) 부정들, 불법들
separate(쎄퍼레이트) A from B: A를 B에서 나누다, 분리하다   sins 죄들
have hidden 숨겼다   his 그의   face 얼굴   from ~부터   he 그는, 그가
hear 듣다   will not hear 듣지 않을 것이다

1 耶和华的膀臂并非缩短, 不能拯救, 耳朵并非发沉, 不能听见,

yē hé huá de bǎng bì bìng fēi suō duǎn, bù néng zhěng jiù, ěr duo

bìng fēi fā chén, bù néng tīng jiàn,

예 허 화 더/ 방 삐/ 삥 뻬이/ 쒀 돤, 뿌 넝/ 정 찌우

얼 둬/ 삥 뻬이/ 빠 천, 뿌 넝/ 팅 쪤.

膀臂(bǎng bì 방삐) 조력자, 오른팔   并非(bìng fēi 삥뻬이) 절대 아니다
缩短(suō duǎn 쒀돤) 단축하다, 줄이다   不能(bù néng 뿌넝) 못하다
拯救(zhěng jiù 쩡찌우) 구원   耳朵(ěr duo 얼둬) 귀   发沉(fā chén 빠천) 찌뿌둥하다
听见(tīng jiàn 팅쪤) 들리다, 듣다

2 但你们的罪孽使你们与神隔绝; 你们的罪恶使他掩面不听你们.

dàn nǐ men de zuì niè shǐ nǐ men yǔ shén gé jué; nǐ men de zuì' è shǐ

tā yǎn miàn bù tīng nǐ men.

딴/ 니 먼 더/ 쭈이 녜/ 스 니 먼/ 위 선/ 거 쮜에;

니 먼 더/ 쭈이 으어/ 스 타 옌 몐/ 뿌 팅/ 니 먼.

罪孽(zuì niè 쭈이녜) 죄업   与(yǔ 위) 주다, 베풀다   隔绝(gé jué 꺼줴) 막히다, 끊어지다
掩面(yǎn miàn 옌몐) 얼굴을 가리다

24

예수님의 열두제자

읽기 (막3:13~27)　암송 (막16:15) (딤후2:2)

(막16:15) **또 이르시되 너희는 온 천하에 다니며 만민에게 복음을 전파하라.**

He said to them, "Go into all the world and preach the good news to all creation."

히 쎋투 뎀, "고우 인투 올더 월을드 앤 프리치더 굳 뉴스 투 올 크리에이션."

He 그는, 그가　said to ~에게 말했다　into 속으로　all the world 모든 세상
preach(프리치) 설교하다, 전도하다　the gospel 복음　all 모든　creation(크리에이션) 창조물

15 他又对他们说: 你们往普天下去, 传福音给万民听.

tā yòu duì tā men shuō: nǐ men wǎng pǔ tiān xià qù, chuán fú yīn gěi wàn mín tīng.

타 여우/ 뚜이 타 먼 쒀 / 니 먼/ 왕 푸 톈 쌰 취,

촨 뿌 인 게이 / 완 민 팅.

他(tā 타) 그가, 그는   又(yòu 여우) 또, 다시   对(duì 뚜이) ~에게   往(wǎng 왕) 가다
普天下(pǔ tiān xià 푸톈쌰) 만천하   去(qù 취) 가다   传(chuán 촨) 전하다
福音(fú yīn 뿌인) 복음   给(gěi 게이) 주다   万民(wàn mín 완민) 모든 백성(국민)
听(tīng 팅) 듣다

(딤후2:2) 또 네가 많은 증인 앞에서 내게 들은 바를 충성된 사람들에게 부탁하라 그들이 또 다른 사람들을 가르칠 수 있으리라.

And the things you have heard me say in the presence of many witnesses entrust to reliable men who will also be qualified to teach others.

앤더 씽쥬ㅂ 헐드미 쎄이 인더 프레젠ㅆ 어브 매니 위트니씨즈 인트러쓭투 릴라이어블 멘 후위을 올쏘우 비 퀄리빠읻투 티치 아덜즈.

things 것들   you have heard 들었다   the things you have heard 네가 들은 것들
say 말하다   in the presence(프레젠ㅆ) of ~의 앞에서(면전에서)   many 많은
witnesses 증인들   entrust(인트러스트) to ~에게 맡기다, 위임하다   reliable(릴라이어블) 믿음직한
men 사람들   also 또한   be qualified(퀄리빠이드) to ~할 자격이 되다   teach 가르치다
others(아덜즈) 다른 사람들

2 你在许多见证人面前听见我所教训的, 也要交托那忠心能教导别人的人.

nǐ zài xǔ duō jiàn zhèng rén miàn qián tīng jiàn wǒ suǒ jiào xùn de,

yě yào jiāo tuō nà zhōng xīn néng jiào dǎo bié rén de rén.

니 짜이 쉬 뚸/ 쪤 쩡 런 몐 쳰/ 팅 쪤 워 쒀/ 쨔오 쉰 더

예 야오/ 쨔오 퉈/ 나 쫑 씬/ 넝 쨔오 다오/ 볘 런 더 런

许多(xǔ duō 쉬뚸) 대단히 많은   见证人(jiàn zhèng rén 쪤쩡런) 목격자, 증인
面前(miàn qián 몐쳰) 눈앞, 면전   听见(tīng jiàn 팅쪤) 들리다, 듣다
教训的(jiào xùn de 쨔오쉰더) 교훈적인   也(yě 예) ~도 또한
交托(jiāo tuō 쨔오퉈) 맡기다, 부탁하다   忠心(zhōng xīn 쫑씬) 충심   能(néng 넝) ~할 수 있다
教导(jiào dǎo 쨔오다오) 가르치다, 지도하다   别人(bié rén 볘런) 다른 사람

25

산상에서 하신 설교

읽기 (마6:19~34)   암송 (마5:3) (마6:3~4)

(마5:3) 심령이 가난한 자는 복이 있나니 천국이 그들의 것임이요.

"Blessed are the poor in spirit, for theirs is the kingdom of heaven.

블레쓰드 알더 푸얼인 스삐맅, 뽈 데얼즈 이즈더 킹덤 어브
헤븐.

Blessed 복되다   the poor 가난한 사람   spirit 영, 영혼, 정신   theirs 그들의 것
kingdom 왕국   heaven(헤븐) 천국

3 虚心的人有福了! 因为天国是他们的.

xū xīn de rén yǒu fú le! yīn wèi tiān guó shì tā men de.

쒸 씬 더 런/ 여우 뿌 러! 인 웨이/ 텐 궈 스/ 타 먼 더

虚心的(xū xīn de 쒸씬더) 겸손한, 겸허한   有福(yǒu fú 여우뿌) 복이 있다
因为(yīn wèi 인웨이) 때문에   天国(tiān guó 텐궈) 천국   是(shì 스) 이다
他们的(tā men de 타먼더) 그들의

(마6:3~4) 너는 구제할 때에 오른손이 하는 것을 왼손이 모르게 하여 네 구제함을 은밀하게 하라 은밀한 중에 보시는 너의 아버지께서 갚으시리라.

3 But when you give to the needy, do not let your left hand know what your right hand is doing,

벝 웬유 기브 투더 니디, 두낱 레츄얼 레쁘트 핸드 노우 와츄얼 롸잍 핸드 이즈 두잉,

when ~하면　the needy 가난한 사람들　do not let A ~ A로 ~하게 하지마라
your 너의　left hand 왼손　know 알다　what 것, 무엇　right hand 오른손
do 하다　is doing 하고 있다

4 so that your giving may be in secret. Then your Father, who sees what is done in secret, will reward you.

쏘우 대츄얼 기빙 메이비인 씨크맅. 덴 유얼 빠덜, 후 씨즈 와리즈 던인 씨크맅, 윌 리월쥬.

in secret 몰래, 비밀로　sees 보다　what 것　do 하다　is done 행해지다
reward(리월드) 보답하다

3 你施舍的时候, 不要叫左手知道右手所做的,

nǐ shī shě de shí hou bú yào jiào zuǒ shǒu zhī dào yòu shǒu suǒ

zuò de,

니 스 서 더/ 스 허우, 부 야오 쨔오/ 쭤 서우/ 쯔

따오/ 여우 서우/ 쒀 쭤 더,

施舍(shī shě 스서) 베풀다   ~的时候(de shí hou 더스허우) ~할 때에
不要(bú yào 부야오) ~하지 마라   叫(jiào 쨔오) 외치다, 소리지르다, 부르다
左手(zuǒ shǒu 쭤서우) 왼손   知道(zhī dào 쯔따오) 알다   右手(yòu shǒu 여우서우) 오른손
所(suǒ 쒀) 모든   做的(zuò de 쭤더) 하는

4 要叫你施舍的事行在暗中. 你父在暗中察看, 必然报答你.

yào jiào nǐ shī shě de shì xíng zài àn zhōng. nǐ fù zài àn zhōng chá

kàn bì rán bào dá nǐ.

야오 쨔오/ 니 스 서 더/ 스/ 씽 짜이/ 안 쫑.

니 뿌/ 짜이 안 쫑/ 차 칸, 삐 란/ 빠오 다 니.

施舍的(shī shě de 스서더) 베푸는   事(shì 스) 일   行(xíng 씽) 행하다
在暗中(zài àn zhōng 짜이안쫑) 은밀한 중에   你父(nǐ fù 니뿌) 네 아버지
察看(chá kàn 차칸) 관찰하다, 살펴보다   必然(bì rán 삐란) 반드시
报答(bào dá 빠오다) 보답하다

26

기도를 바르게 가르치심

읽기 (마6:5~18)　　암송 (마6:6) (마7:7)

(마6:6) **너는 기도할 때에 네 골방에 들어가 문을 닫고 은밀한 중에 계신 네 아버지께 기도하라 은밀한 중에 보시는 네 아버지께서 갚으시리라.**

But when you pray, go into your room, close the door and pray to your Father, who is unseen. Then your Father, who sees what is done in secret, will reward you.

벝 웬유 프레이, 고우 인투 유얼 룸, 클로우즈더 도얼 앤 프레이 투유얼 빠덜, 후이즈 언씬. 덴 유얼 빠덜, 후씨즈 와리즈 던인 씨크릳, 윌 리월쥬.

when ~할 때　pray 기도하다　go into 들어가다　close 문닫다　the door 문
unseen 안 보이는　Then 그러면　sees 보다　what 것, 무엇　is done 행해지다
in secret 몰래, 비밀로　reward 보답하다

6 你祷告的时候, 要进你的内屋, 关上门, 祷告你在暗中的父; 你父在暗中察看, 必然报答你.

nǐ dǎo gào de shí hou yào jìn nǐ de nèi wū, guān shàng mén, dǎo gào nǐ zài àn zhōng de fù; nǐ fù zài àn zhōng chá kàn bì rán bào dá nǐ.

니 다오 까오 더/ 스̄ 허우, 야오 찐\/ 니ˇ 더/ 네이 우̄

꽌\ 상\ 먼\, 다오 까오/ 니ˇ 짜이/ 안 쯍 더/ 뿌\;

니ˇ 뿌\ 짜이/ 안 쯍̄/ 차ˇ 칸\, 삐 란/ 빠오 다 니ˇ.

祷告(dǎo gào 다오 까오) 기도드리다   ~的时候(de shí hou 더스허우) ~할 때에
进(jìn 찐) 안으로 들어가다   内(nèi 네이) 안, 속   屋(wū우) 집, 가옥
关上(guān shàng 꽌상) 문을 닫다   门(mén 먼) 문
在暗中的(zài àn zhōng de 짜이 안쯍더) 은밀한 중에

(마7:7) **구하라 그리하면 너희에게 주실 것이요, 찾으라. 그리하면 찾아낼 것이요 문을 두드리라 그리하면 너희에게 열릴 것이니.**

"Ask and it will be given to you; seek and you will find; knock and the door will be opened to you.

"애스크 앤 이륄비 기븐 투유; 씨ㅋ 앤 유월 빠인드; 넉 앤더 도 얼 윌비 오픈ᴅ 투유.

Ask 구하다, 묻다   give 주다   be given 주어지다   will be given 주어질 것이다
seek 찾다   will find 찾을 것이다   knock(넉) 두드리다   open 열다   be opened 열리다
will be opened 열릴 것이다

7 你们祈求, 就给你们; 寻找, 就寻见; 叩门, 就给你们开门.

nǐ men qí qiú jiù gěi nǐ men; xún zhǎo jiù xún jiàn kòu mén jiù

gěi nǐ men kāi mén.

니 먼/ 치 치우, 찌우 게이/ 니 먼; 쒼 자오, 찌우/ 쒼 쩬

커우 먼, 찌우 게이/ 니 먼/ 카이 먼.

祈求(qí qiú 치치우) 간구하다   就(jiù 찌우) 바로   给(gěi 게이) 주다
你们(nǐ men 니먼) 너희들에게   寻找(xún zhǎo 쒼짜오) 찾다   叩(kòu 커우) 두드리다
门(mén 먼) 문   开(kāi 카이) 열다

27

재미난 이야기, 비유

읽기 (눅10:25~37) 암송 (마25:40) (요10:9)

(마25:40) **임금이 대답하여 이르시되 내가 진실로 너희에게 이르노니 너희가 여기 내 형제 중에 지극히 작은 자 하나에게 한 것이 곧 내게 한 것이니라 하시고**

"The King will reply, 'I tell you the truth, whatever you did for one of the least of these brothers of mine, you did for me.'

"더 킹윌 리플라이, '아이 텔유더 트루쓰, 와레벌 유 디드 뽈 워너브더 리스터브 디즈 브라덜즈업 마인, 유 디드 뽈 미.'

will reply(리플라이) 대답할 것이다 whatever(와레벌) 무엇이든지 did 했다
one of ~의 하나 the least(리스트) 가장 작은 mine 나의 것

40 王要回答说：我实在告诉你们，这些事你们既做在我这弟兄中一个最小的身上，就是做在我身上了。

wáng yào huí dá shuō wǒ shí zai gào su nǐ men, zhè xiē shì nǐ men jì zuò zài wǒ zhè dì xiong zhōng yí gè zuì xiǎo de shēn shàng, jiù shì zuò zài wǒ shēn shàng le.

왕 야오/ 후이 다 쉬: 워 스 짜이/ 까오 쑤/ 니 먼,

쩌 쎼 스/ 니 먼/ 찌 쭤 짜이/ 워 쩌/ 띠 쓩 쫑/ 이 꺼/

쭈이 쌰오 더/ 선 상, 찌우 스/ 쭤 짜이 워/ 선 상 러.

王(wáng 왕) 왕, 임금 回答(huí dá 후이다) 대답하다 我(wǒ 워) 내가
实在(shí zai 스짜이) 진실로 告诉(gào su 까오쑤) 알리다, 말하다
这些(zhè xiē 쩌쎼) 이것들, 이런 것들 事(shì 스) 일 既(jì 찌) 이미, 벌써
做(zuò 쭤) 하다 弟兄(dì xiong 띠쓩) 형제 一个(yí gè 이꺼) 한사람
最小的(zuì xiǎo de 쮀이쌰오더) 제일 작은 身上(shēn shàng 선상) 몸

(요10:9) **내가 문이니 누구든지 나로 말미암아 들어가면 구원을 받고 또는 들어가며 나오며 꼴을 얻으리라.**

I am the gate; whoever enters through me will be saved. He will come in and go out, and find pasture.

아이 엠더 게이ㅌ; 후에벌 엔털즈 쓰루미 윌비 쎄이ㅂㄷ. 히윌 컴인앤 고우 아웉, 앤 빠인드 패스쳘.

I am~ 나는 ~이다 gate 문 whoever 누구든지 enters 들어가다 through(쓰루) ~를 통하여 me 나를 save 구하다 be saved 구원받다 will be saved 구원받을 것이다 He 그는, 그가 will ~할 것이다 come in 들어오다 go out 나가다 find 찾다 pasture(패스쳘) 목초지

9 我就是门; 凡从我进来的, 必然得救, 并且出入得草吃.

wǒ jiù shì mén; fán cóng wǒ jìn lái de bì rán dé jiù bìng qiě chū rù dé cǎo chī.

워 찌우 스 먼; 빤 총 워/ 찐 라이 더, 삐 란/ 더 찌우, 삥 체/ 추 루/ 더 차오 츠.

就是(jiù shì 찌우스) 바로 ~이다   门(mén 먼) 문   从(cóng 총) ~로부터
进来(jìn lái 찐라이) 들어오다   必然(bì rán 삐란) 반드시, 꼭
得救(dé jiù 더치우) 구원(구제)받다   并且(bìng qiě 삥체) 더욱이 그 위에
出入(chū rù 추루) 드나들다   得(dé 더) 얻다, 획득하다
草(cǎo 차오) 풀   吃(chī 츠) 먹다

28 용서를 어떻게 합니까?

읽기 (마18:21~35)　암송 (마7:12) (마9:13)

(마7:12) 그러므로 무엇이든지 남에게 대접을 받고자 하는 대로 너희도 남을 대접하라 이것이 율법이요 선지자니라.

So in everything, do to others what you would have them do to you, for this sums up the Law and the Prophets.

쏘우 인 에브리씽, 두투 아덜스 왈 유 우드 해브뎀 두투유, 뽈 디쓰 썸즈 엎더 러 앤더 프라삐츠.

So 그러므로　everything 모든 것　do 하다　to others 다른 사람들에게　what 것
have A ~ A를 ~하게 하다　them 그들을, 그들에게　do 하다　to you 너에게
have them do to you 그들로 너에게 하게 하다　sums up 요약하다　the Law 법
Prophets(프라삐츠) 선지자들

12 所以, 无论何事, 你们愿意人怎样待你们, 你们也要怎样待人, 因为这就是律法和先知的道理.

suǒ yǐ wú lùn hé shì nǐ men yuàn yì rén zěn yàng dài nǐ men, nǐ men

yě yào zěn yàng dài rén yīn wèi zhè jiù shì lù fǎ hé xiān zhī de dào li.

쒀 이, 우 룬/ 허 스, 니 먼/ 위엔 이 런/ 쩐 양/
따이 니 먼, 니 먼/ 예 야오/ 쩐 양/ 따이 런,
인 웨이/ 쩌 찌우 스/ 뤼 빠/ 허 쎈 쯔 더/ 따오 리.

所以(suǒ yǐ 쒀이) 그러므로 无论(wú lùn 우룬) ~에도 불구하고 何事(hé shì 허스) 무슨 일
愿意(yuàn yì 웬이) ~하기를 희망하다, 바라다 人(rén 런) 사람 怎样(zěn yàng 쩐양) 어떻게
待(dài 따이) 대접하다 也(yě 예) ~도 因为(yīn wèi 인웨이) 왜냐하면 律法(lǜ fǎ 뤼빠) 율법
先知(xiān zhī 쎈쯔) 예언자 道理(dào li 따오리) 도리, 규칙

[마9:13] **너희는 가서 내가 긍휼을 원하고 제사를 원하지 아니하노라 하신 뜻이 무엇인지 배우라 나는 의인을 부르러 온 것이 아니요 죄인을 부르러 왔노라 하시니라.**

But go and learn what this means: 'I desire mercy, not sacrifice.' For I have not come to call the righteous, but sinners.

벋 고우 앤 럴ㄴ 왓 디쓰 민ㅈ: '아이 디자이얼 멀씨, 낱 쌔크리빠이쓰.' 뽈 아이 해브낱 컴투 콜더 롸이쳐쓰, 벋 씨널즈."

learn 배우다 go and learn 가서 배워라 what 것, 무엇 means 의미(뜻)하다
desire 바라다 mercy(멀씨) 자비 not ~가 아니라 sacrifice 희생 For ~이유로, 때문에
come 오다 have not come 오지 않았다 call 부르다 the righteous(롸이쳐쓰) 의인들
sinners 죄인들

13 经上说：我喜爱怜恤, 不喜爱祭祀. 这句话的意思, 你们且去揣摩. 我来本不是召义人, 乃是召罪人.

jīng shàng shuō wǒ xǐ ài lián xù bù xǐ ài jì sì. zhè jù huà de yì si nǐ men

qiě qù chuǎi mó. wǒ lái běn bú shì zhào yì rén nǎi shì zhào zuì rén.

찡 상 쉬: 워 씨 아이/ 렌 쒸, 뿌 씨 아이/ 찌 쓰.

쩌 쮜 화 더/ 이 쓰, 니 먼/ 체 취/ 촤이 뭐.

워 라이/ 번 부 스/ 짜오 이 런, 나이 스/ 짜오 쭈이 런

喜爱(xǐ ài 씨아이) 좋아하다　怜恤(lián xù 렌쒸) 불쌍히 여기다
不喜爱(bù xǐ ài 뿌씨아이) 싫어하다　祭祀(jì sì 찌쓰) 제사　这句话(zhè jù huà 쩌쮜화) 이 말
意思(yì si 이쓰) 의사, 의견, 생각　揣摩(chuǎi mó 촤이뭐) 헤아리다, 추측하다
来(lái 라이) 오다　本(běn 번) 근본, 기초　不是(bú shì 부스) ~가 아니다　召(zhào 짜오) 부르다
义人(yì rén 이런) 의인　乃是(nǎi shì 나이스) 즉 ~이다　罪人(zuì rén 쭈이런) 죄인

의사 예수님

읽기 (막5:25~34)　**암송** (말4:2) (사41:10)

(말4:2) **내 이름을 경외하는 너희에게는 공의로운 해가 떠올라서 치료하는 광선을 비추리니 너희가 나가서 외양간에서 나온 송아지같이 뛰리라.**

But for you who revere my name, the sun of righteousness will rise with healing in its wings. And you will go out and leap like calves released from the stall.

벹 뿔유 후 리비얼 마이 네임, 더 썬어브 롸이쳐쓰니쓰 윌 라이즈 위드 힐링 인 이츠 윙즈. 앤 유을 고아욷 앤 맆 라익 캐브즈 릴리즈드 쁘롬더 스떨.

But 하지만　for 위해　for you who ~하는 너(희)를 위해　revere(리비얼) 존경하다, 숭배하다
my 나의　name 이름　the sun 태양, 해　righteousness 의로운　will rise 떠오를 것이다
with 함께, 같이　healing 치료하는　its 그것의　wings 날개들　go out 나가다
leap(맆) 껑충 뛰다, 뛰어오르다　like ~처럼, 같이　calf(캐쁘) 송아지　calves(캐브즈) 송아지들

2 但向你们敬畏我名的人必有公义的日头出现, 其光线有医治之能. 你们必出来跳跃如圈里的肥犊.

dàn xiàng nǐ men jìng wèi wǒ míng de rén bì yǒu gōng yì de rìtóu chū xiàn, qí guāng xiàn yǒu yī zhì zhī néng. nǐ men bì chū lái tiào yuè rú quān lǐ de féi dú.

딴/ 썅 니 먼/ 찡 웨이/ 워 밍 더 런/ 삐 여우

꽁 이 더/ 르 터우/ 추 쎈, 치 꽝 쎈/ 여우 이 쯔 쯔 넝

니 먼/ 삐 추 라이/ 탸오 웨/ 루 쵄 리 더/ 뻬이 두.

但(dàn 딴) 다만, 오직   向(xiàng 썅) ~을 향하여   敬畏(jìng wèi 찡웨이) 경외하다
我名(wǒ míng 워밍) 내 이름   必(bì 삐) 반드시   有(yǒu 여우) 있다
公义的(gōng yì de 꽁이더) 공의로운   日头(rì tóu 르터우) 태양, 해
出现(chū xiàn 추쎈) 출현하다, 나타나다   其(qí 치) 그   光线(guāng xiàn 꽝쎈) 광선
医治(yī zhì 이쯔) 치료   之(zhī 쯔) ~의   能(néng 넝) 능력   出来(chū lái 추라이) 나오다
跳跃(tiào yuè 탸오웨) 도약하다   如(rú 루) ~와 같다   圈(quān 쵄) 원, 동그라미, 고리
肥犊(féi dú 뻬이뚜) 살찐 송아지

(사41:10) **두려워하지 말라. 내가 너와 함께 함이라. 놀라지 말라 나는 네 하나님이 됨이라. 내가 너를 굳세게 하리라 참으로 너를 도와주리라 참으로 나의 의로운 오른손으로 너를 붙들리라.**

So do not fear, for I am with you; do not be dismayed, for I am your God. I will strengthen you and help you; I will uphold you with my righteous right hand.

쏘우 두낱 삐얼, 뽈 아이 엠 위듀; 두낱비 디쓰메이드, 뽈 아이엠 유얼 갇. 아윌 스뜨렝쓴유 앤 헬퓨; 아이윌 엎홀듀(드유) 위드 마이 롸이쳐쓰 롸잍 핸드.

So 그러니   do not ~하지 마라   fear 무서워 하다   for ~이므로   am with ~와 함께 있다
dismay 실망시키다, 낙담하다   be dismayed 실망되다, 낙담되다   your 너의   strong 강한
strength(스뜨렝쓰) 세기, 힘   strengthen(스뜨렝쓴) 강하게 하다   help 돕다
uphold 받치다, 들어 올리다   with ~로   my righteous 내 의로운   right hand 오른 손

10 你不要害怕, 因为我与你同在; 不要惊惶, 因为我是你的神. 我必
坚固你, 我必帮助你; 我必用我公义的右手扶持你.

nǐ bú yào hài pà yīn wèi wǒ yǔ nǐ tóng zài; bù yào jīng huáng yīn

wèi wǒ shì nǐ de shén. wǒ bì jiān gù nǐ wǒ bì bāng zhù nǐ; wǒ bì yòng

wǒ gōng yì de yòu shǒu fú chí nǐ.

니/ 부 야오/ 하이 파, 인 웨이/ 워/ 위 니/ 통 짜이;
부 야오/ 찡 황, 인 웨이/ 워 스/ 니 더/ 선.
워 삐/ 쩬 꾸 니, 워 삐/ 빵 쭈 니/ 워 삐/ 용 워/
꽁 이 더/ 여우 서우/ 뿌 츠 니

因为(yīn wèi 인웨이) 왜냐하면   与(yǔ 위) 베풀다   同在(tóng zài 통짜이) 함께 있다
惊惶(jīng huáng 찡황) 허둥지둥하다   是(shì 스) ~이다   你的(nǐ de 니더) 너의
神(shén 선) 하나님   坚固(jiān gù 쩬꾸) 견고하게   你(nǐ 니) 너를
帮助(bāng zhù 빵쭈) 도와주다   用(yòng 용) 사용하다   公义的(gōng yì de 꽁이더) 공의로운
右手(yòu shǒu 여우서우) 오른손   扶持(fú chí 뿌츠) 돕다, 보살피다

30

죽은 자를 살리신 예수님

읽기 (막5:21~24, 35~43)   암송 (마11:28) (고후5:17)

(마11:28) 수고하고 무거운 짐 진 자들아 다 내게로 오라 내가 너희를 쉬게 하리라.

"Come to me, all you who are weary and burdened, and I will give you rest.

컴 투미, 올유 후알 위어리앤 벌든ㄷ, 앤 아월 기뷰 레스트.

Come 오다 to me 나에게 all you who ~하는 너희 모두 weary 지친
are weary(위어리) 지치다 burden(벌든) 무거운 짐 burdened 짐 진 will give 주겠다
you 너(희)에게 rest 휴식, 쉼

28 凡劳苦担重担的人可以到我这里来, 我就使你们得安息.

fán láo kǔ dān zhòng dàn de rén kě yǐ dào wǒ zhè li lái, wǒ jiù shǐ nǐ men dé ān xī.

빤 라오 쿠/ 딴 쫑 딴 더 런/ 커 이/ 따오 워
쩌 리 라이, 워 찌우/ 스 니 먼/ 더 안 씨.

担(dān 딴) 메다, 지다 人(rén 런) 사람 可以(kě yǐ 커이) ~할 수 있다 到(dào 따오) 도달하다
这里(zhè li 쩌리) 이곳, 여기 来(lái 라이) 오다 就(jiù 찌우) 바로, 곧 使(shǐ 스) ~하게 하다
得(dé 더) 얻다, 획득하다 安息(ān xī 안씨) 안식

(고후5:17) **그런즉 누구든지 그리스도 안에 있으면 새로운 피조물이라 이전 것은 지나갔으니 보라 새 것이 되었도다.**

Therefore, if anyone is in Christ, he is a new creation; the old has gone, the new has come!

데얼쀼얼, 이쁘 애니원 이즈인 크라이스트, 히 이즈어 뉴 크리에이션; 디 올드 해즈 곤, 더 뉴 해즈 컴!

Therefore 그러므로   if 만약   anyone 누구든지   is in ~안에 있다   new 새로운
creation 창조를   the old 오래된 것   has gone 갔다   the new 새로운 것   has come 왔다

17 若有人在基督里, 他就是新造的人, 旧事已过, 都变成新的了.

ruò yǒu rén zài jī dū lǐ tā jiù shì xīn zào de rén, jiù shì yǐ guò dōu biàn chéng xīn de le.

뤄 여우 런/ 짜이 찌 뚜 리, 타 찌우 스/ 씬 짜오 더 런
찌우 스/ 이 꿔, 떠우 뻰 청/ 씬 더 러.

若(ruò 뤄) 만약   有人(yǒu rén 여우 런) 누구든지   在(zài 짜이) ~里(lǐ 리) ~안에
基督(jī dū 찌뚜) 그리스도   新(xīn 씬) 새로운   造的人(zào de rén 짜오더런) 창조물
旧事(jiù shì 찌우스) 지나간 일, 옛것   已(yǐ 이) 이미   过(guò 꿔) 지나가다
变成(biàn chéng 뻰청) 변하여 ~이 되다   新的(xīn de 씬더) 새로운

31

신기한 기적들

읽기 (막6:35~52) 암송 (렘29:12~13) (히11:1)

(렘29:12~13) **너희가 내게 부르짖으며 내게 와서 기도하면 내가 너희들의 기도를 들을 것이요. 너희가 온 마음으로 나를 구하면 나를 찾을 것이요 나를 만나리라.**

12 Then you will call upon me and come and pray to me, and I will listen to you.

덴 유윌 콜러폰미 앤 컴앤 프레이 투미, 앤 아윌 리쓴 투유.

call on ~를 방문하다, 들르다   me 나를   pray 기도하다   to me 나에게   listen to ~를 듣다

13 You will seek me and find me when you seek me with all your heart.

유윌 씩 미앤 빠인미 웬유 씩미 위드 올유얼 할트.

seek 찾다, 추구하다   find 찾다, 발견하다   when ~하면   with all your heart 전심으로

12 你们要呼求我, 祷告我, 我就应允你们.

nǐ men yào hū qiú wǒ dǎo gào wǒ wǒ jiù yīng yǔn nǐ men.

니 먼 야오/ 후 치우/ 워, 다오 까오/ 워,

워 찌우/ 잉 윈/ 니 먼.

呼(hū 후) 부르다, 외치다   求(qiú 치우) 간청(부탁)하다
祷告(dǎo gào 다오까오) 기도드리다, 기원하다   应(yīng 잉) 응답하다   允(yǔn 윈) 승낙하다

13 你们寻求我, 若专心寻求我, 就必寻见.

nǐ men xún qiú wǒ, ruò zhuān xīn xún qiú wǒ jiù bì xún jiàn.

니 먼/ 쒼 치우/ 워, 뤄 쫜 씬/ 쒼 치우/ 워,

찌우 삐 쒼 쪤.

寻求(xún qiú 쒼치우) 찾다, 탐구하다   若(ruò 뤄) 만약
专心(zhuān xīn 쫜씬) 전념(열중, 몰두)하다   寻见(xún jiàn 쒼쪤) 찾아내다

(히11:1) 믿음은 바라는 것들의 실상이요 보이지 않는 것들의 증거니

Now faith is confidence is being sure of what we hope for and certain of what we do not see.

나우 뻬이쓰 이즈 컨삐던쓰 이즈 비잉 슈얼어브 왙위 호웊
뽈 앤 썰튼업 왙 위 두낱 씨.

faith 믿음   confidence(컨삐던쓰) 신용, 신뢰   be sure of 분명히 ~이다   we 우리가
hope for ~을 바라다, 희망하다

1 信就是所望之事的实底, 是未见之事的确据.

xìn jiù shì suǒ wàng zhī shì de shí dǐ, shì wèi jiàn zhī shì de què jù.

씬/ 찌우 스/ 쒀 왕/ 즈 스 더/ 스 디,

스/ 웨이 쪤/ 즈 스 더/ 췌 쮜.

信(xìn 씬) 믿음   所望(suǒ wàng 쒀왕) 소망   实底(shí de 스디) 실제 사전(내막)
未见(wèi jiàn 웨이쪤) 아직 만나지 못하다   确据(què jù 췌쮜) 확실한 증거

32

도대체 예수는 누구신가?

읽기 (막8:27~30, 9:2~8) **암송** (요6:35) (행4:12)

(요6:35) **예수께서 이르시되 나는 생명의 떡이니 내게 오는 자는 결코 주리지 아니할 터이요 나를 믿는 자는 영원히 목마르지 아니하리라.**

Then Jesus declared, "I am the bread of life. He who comes to me will never go hungry, and he who believes in me will never be thirsty.

덴 쥐저쓰 디클레얼ㄷ, "아이 엠더 브레ㄷ어ㅂ 라이쁘. 히후 컴즈 투미 윌 네벌 고우 헝그리, 앤 히후 빌리ㅂ즈 인미 윌 네벌비 썰쓰티.

Then 그러지 declared 선언했다   am 이다   the bread 빵 the bread of life 생명의 빵
Whoever 누구든지   comes 오다   to me 나에게   will never 절대 ~하지 않을 것이다
hungry 배고픈   go hungry 굶다, 배고프게 되다   believes in ~를 믿다   me 나를
thirsty(썰쓰티) 목마른   be thirsty 목마르다

35 耶稣说: 我就是生命的粮. 到我这里来的, 必定不饿; 信我的, 永远不渴.

yē sū shuō wǒ jiù shì shēng mìng de liáng. dào wǒ zhè li lái de bì dìng bú è; xìn wǒ de yǒng yuǎn bù kě.

예 쑤 쒀: 워 찌우 스/ 성 밍 더/ 량. 따오 워/ 쩌 리
라이 더, 삐 띵/ 부 어; 씬/ 워 더, 용 웬/ 뿌 커.

说(shuō 쒀) 말하다 就是(jiù shì 찌우스) 곧 ~이다 生命的(shēng mìng de 성밍더) 생명의
粮(liáng 량) 양식 到(dào 따오) 도착하다 这里(zhè li 쩌리) 이곳 必定(bì dìng 삐띵) 반드시
不饿(bú è 부어) 목마르지 않다 信(xìn 씬) 믿다 永远(yǒng yuǎn 용웬) 영원히, 늘, 항상
不渴(bù kě 부커) 목마르지 않다

[행4:12] 다른 이로써는 구원을 받을 수 없나니 천하사람 중에 구원을 받을 만한 다른 이름을 우리에게 주신 일이 없음이라 하였더라.

Salvation is found in no one else, for there is no other name under heaven given to mankind by which we must be saved."

썰베이션 이즈 빠운드인 노원 엘쓰, 뽈 데얼이즈 노 아덜 네임 언덜 헤븐 기븐투 맨카인드 바이 위치위 머쓰비 쎄이브드."

Salvation(썰베이션) 구원 is found 발견되다, 찾아지다 no one 아무도 else 그 밖에
for ~이므로(때문에) there is ~가 있다 no other 다른 name 이름 under 아래
heaven 하늘, 천국 given to ~에게 준 mankind 인류, 인간 save 살리다, 구하다
be saved 구원받다 by ~에 의해 we 우리가(는)

12 除他以外, 别无拯救; 因为在天下人间, 没有赐下别的名, 我们可以靠着得救.

chú tā yǐ wài bié wú zhěng jiù; yīn wèi zài tiān xià rén jiān méi yǒu cì

추 타/ 이 와이, 비에 우 졍 찌우; 인 웨이/ 짜이 톈 쌰

런 쪤, 메이 여우/ 츠 쌰/ 비에 더 밍, 워 먼/ 커 이

카오 져/ 더 찌우.

除(chú 추) 제외하다 以外(yǐ wài 이와이) 이외에 别(bié 비에) ~하지 마라
无(wú 우) 없다 拯救(zhěng jiù 쪙찌우) 구제(구조)하다 天下(tiān xià 톈쌰)
人间(rén jiān 런쪤) 인간 没有(méi yǒu 메이여우) ~가 없다 赐(cì 츠) 베풀어주다
别的(bié de 베더) 다른 名(míng 밍) 이름 可以(kě yǐ 커이) ~할 수 있다
靠(kào 카오) 기대다 得救(dé jiù 더찌우) 구제받다

33

사마리아여인이 본 예수님

읽기 (요4:4~26) 암송 (요4:14) (시34:18)

(요4:14) 내가 주는 물을 마시는 자는 영원히 목마르지 아니하리니 내가 주는 물은 그 속에서 영생하도록 솟아나는 샘물이 되리라.

 but whoever drinks the water I give him will never thirst. Indeed, the water I give him will become in him a spring of water welling up to eternal life.

벝 후에벌 드링쓰더 워럴 아이 기브힘 윌 네벌 썰스트. 인디드, 더 워럴 아이 기브힘 윌 비컴 인 힘어 스쁘링업 워럴 웰링 엎투 이털너을 라이쁘.

them 그들에게 will never 절대 ~하지 않을 것이다 thirst 목마르다 Indeed 참으로 become 되다 will become 될 것이다 in 속, 안 spring 샘물, 봄 well 우물 well up 솟아나오다, 문출하다 eternal(이털너을) 영원한 life 삶, 인생

14 人若喝我所赐的水就永远不渴. 我所赐的水要在他里头成为泉源, 直涌到永生.

rén ruò hē wǒ suǒ cì de shuǐ jiù yǒng yuǎn bù kě. wǒ suǒ cì de shuǐ yào zài tā lǐ tou chéng wéi quán yuán, zhí yǒng dào yǒng shēng.

런/ 뤄/ 허 워/ 쒀 츠 더/ 수이/ 찌우 용 웬/ 뿌 커

워/ 쒀 츠 더/ 수이/ 야오 짜이/ 타 리 터우/ 청 웨이

쵄 위엔(웬), 즈 용 따오/ 용 성.

人(rén 런) 사람 若(ruò 뤄) 만약 喝(hē 허) 마시다 赐的(cì de 츠더) 베푸는
水(shuǐ 수이) 물 永远(yǒng yuǎn 용웬) 영원히 不渴(bù kě부커) 목마르지 않다
成为(chéng wéi 청웨이) ~로 되다 泉源(quán yuán 쵄웬) 샘의 근원
涌(yǒng 용) 물이 솟아나다 永生(yǒng shēng 용성) 영생

(시34:18) **여호와는 마음이 상한 자를 가까이 하시고 충심으로 통회하는 자를 구원하시는도다.**

The LORD is close to the brokenhearted and saves those who are crushed in spirit.

더 롤드 이즈 클로우쓰 투더 브로큰할티드 앤 쎄이브즈 도우즈 후 알 크러쉬드 인 스삐릳.

is close to ~가까이에 있다 the brokenhearted(브로큰할티드) 비탄에 잠긴 사람들
saves 구하다 those who ~하는 사람들 crush(크러쉬) 짓밟다 are crushed 짓밟히다
in spirit 심령에

18 耶和华靠近伤心的人, 拯救灵性痛悔的人.

yē hé huá kào jìn shāng xīn de rén, zhěng jiù líng xìng tòng huǐ de rén.

예 허 화/ 카오 찐/ 상 씬 더/ 런, 정 찌우/ 링 씽

통 후이 더/ 런

耶和华(yē hé huá 예허화) 여호와　靠近(kào jìn 카오찐) 가까이 다가가다
伤心(shāng xīn 샹씬) 상심하다, 슬퍼하다　拯救(zhěng jiù 정찌우) 구(제)하다
灵性(líng xìng 링씽) 영성　痛悔的(tòng huǐ de 통후이더) 통회하는

34 소경이 본 것, 삭개오가 본 것

읽기 (눅18:35~19:10) 암송 (계3:20) (롬8:1~2)

(계3:20) **볼지어다 내가 문 밖에서 서서 두드리노니 누구든지 내 음성을 듣고 문을 열면 내가 그에게고 들어가 그와 더불어 먹고 그는 나와 더불어 먹으리라.**

Here I am! I stand at the door and knock. If anyone hears my voice and opens the door, I will come in and eat with him, and he with me.

히얼 아이 엠! 아이 스땐드 앹더 도얼 앤 너ㅋ. 이쁘 애니원 히얼즈 마이 보이쓰 앤 오픈즈더 도얼, 아이윌 컴인앤 잍 위드 힘, 앤 히 위드 미.

If 만약 anyone 누구든지(긍정) hears 듣다 my 나의 voice(보이쓰) 목소리 opens 열다 will ~할 것이다 come in 들어오다 eat with ~와 함께 먹다 with me 나와 함께

20 看哪, 我站在门外叩门, 若有听见我声音就开门的, 我要进到他那里去, 我与他他与我一同坐席.

kàn na, wǒ zhàn zài mén wài kòu mén, ruò yǒu tīng jiàn wǒ shēng yīn jiù kāi mén de, wǒ yào jìn dào tā nà lǐ qù, wǒ yǔ tā tā yǔ wǒ yì tóng zuò xí.

칸 나, 워/ 짠 짜이/ 먼 와이/ 커우 먼, 뤄 여우/ 팅 쩬
워 성 인/ 찌우 카이 먼 더, 워 야오/ 찐 따오 타
나 리 취, 워 위 타/ 타 위 워/ 이 통/ 쭤 씨.

看(kàn 칸) 보다 站(zhàn 站) 서다 在(zài 짜이) ~에 门(mén 먼) 문 外(wài 와이) 밖
在门外(zài mén wài 짜이먼와이) 문 밖에 叩(kòu 커우) 두드리다 若(ruò 뤄) 만약
听见(tīng jiàn 팅쩬) 듣다 声音(shēng yīn 성인) 목소리 开门(kāi mén 카이먼) 문 열다
进(jìn 찐) 들어가다 那里(nà lǐ 나리) 거기 去(qù 취) 가다 我与他(wǒ yǔ tā 워위타) 나와 그
他与我(tā yǔ wǒ 타위워) 그와 나 一同(yì tóng 이통) 같이 坐席(zuò xí 쭤씨) 자리에 앉다

(롬8:1~2) 그러므로 이제 그리스도 예수 안에 있는 자에게는 결코 정죄함이 없나니 이는 그리스도 예수 안에 있는 생명의 성령의 법이 죄와 죽음의 법에서 너를 해방하였음이라.

1 Therefore, there is now no condemnation for those who are in Christ Jesus,

데얼뽀얼, 데얼이즈 나우 노 컨뎀네이션 뽈 도우즈후 알인
라이스트 쥐저쓰,

Therefore(데얼뽀얼) 그러므로   there is ~가 있다   there is no ~가 없다
now 이제, 지금   condemnation(컨뎀네이션) 유죄판결, 정죄   for 위해
those who ~하는 사람들   are 있다   in 안, 속

이는 그리스도 예수 안에 있는 생명의 성령의 법이 죄와 죽음의 법에서 너를 해방하였음이라.

2 because through Christ Jesus the law of the Spirit of life set me free from the law of sin and death.

비커즈 쓰루 크라이슽 쥐저쓰 더러 어브더 스삐맅 어브 라이쁘 쎝
미 쁘리 쁘롬더 러어브 씬앤 데쓰.

because(비커즈) 왜냐하면   through(쓰루) ~통하여   law(러) 법   gives 주다   life 생명
set A free A를 자유하게 하다   from ~로 부터   the law of sin 죄의 법   sin 죄
death(데쓰) 죽음

1 如今, 那些在基督耶稣里的就不定罪了.

rú jīn, nà xiē zài jī dū yē sū lǐ de jiù bú dìng zuì le.

루 찐, 나 쎄 짜이/ 찌 뚜/ 예 쑤 리 더

찌우 부 띵/ 쭈이 러.

如今(rú jīn 루찐) 지금, 이제, 오늘날 那些(nà xiē 나쎄) 그것들
基督耶稣(jī dū yē sū 찌뚜예쑤) 예수 그리스도 在(zài 짜이) ~里(lǐ 리) ~안에
不定罪(bú dìng zuì 부띵쭈이) 죄를 정죄하지 않다

2 因为赐生命圣灵的律, 在基督耶稣里释放了我, 使我脱离罪和死的
律了.

인 웨이/ 츠 성 밍/ 성 링 더/ 뤼, 짜이 찌 뚜/ 예 쑤 리

스 빵 러 워, 스 워/ 퉈 리 쭈이/ 허 쓰 더/ 뤼 러.

因为(yīn wèi 인웨이) 때문에 生命(shēng mìng 성밍) 생명
圣灵的(shèng líng de 성링더) 성령의 律(lǜ 뤼) 율법
基督耶稣(jī dū yē sū lǐ 찌뚜예쑤리) 释放了(shì fàng le 스빵러) 해방했다
使(shǐ 스) 사람을 보내다 脱离(tuō lí 퉈리) 이탈하다, 떠나다 罪(zuì 쭈이) 죄
和(hé 허) 와, 과 死的(sǐ de 쓰더) 죽은 律(lǜ 뤼) 법

돈키오테같은 예수님?

읽기 (막11:15~25) 암송 (마5:16) (요14:27)

[마5:16] **이같이 너희 빛이 사람 앞에 비치게 하여 그들로 너희 착한 행실을 보고 하늘에 계신 너희 아버지께 영광을 돌리게 하라.**

In the same way, let your light shine before men, that they may see your good deeds and praise your Father in heaven.

인더 쎄임 웨이, 레츄얼 라이트 샤인 비뽈 맨, 댙 데이 메이 씨유얼 굳 디즈 앤 프레이쥬얼 빠덜인 헤븐.

In the same way 이와 같이, 같은 방식으로   let ~하게 하다 your 너의   light(라이트) 빛
shine(샤인) 빛나게 하다, 비추다 before(비뽈) 앞, 전 others 다른 사람(것)들 see 보다
good 선한, 좋은 deeds 행위, 행동   praise(프레이즈) 찬미하다, 칭송하다
in heaven(헤븐) 하늘에, 천국에

16 你们的光也当这样照在人前, 叫他们看见你们的好行为, 便将荣耀归给你们在天上的父.

nǐ men de guāng yě dāng zhè yàng zhào zài rén qián, jiào tā men

kàn jiàn nǐ men de hǎo xíng wéi, biàn jiāng róng yào guī gěi nǐ men

zài tiān shàng de fù.

니 먼 더 꽝/ 예 땅/ 쩌 양/ 짜오 짜이/ 런 쳰,

짜오 타 먼/ 칸 쪤/ 니 먼 더/ 하오 씽 웨이,

뻰 쟝/ 롱 야오/ 꾸이 게이 니 먼/ 짜이 톈 상 더/ 뿌

你们的(nǐ men de 니먼더) 너희들의 光(guāng 꽝) 빛 也(yě 예) ~도
这样(zhè yàng 쩌양) 이렇게 照(zhào 짜오) 비추다, 비치다
在人前(zài rén qián 짜이런쳰) 사람 앞에 叫(jiào 짜오) 부르다, 외치다
看见(kàn jiàn 칸쪤) 보이다, 보다 你们的(nǐ men de 니먼더) 너희들의
好行为(hǎo xíng wéi 하오씽웨이) 착한 행실 荣耀(róng yào 롱야오) 영예, 영광
归(guī 꾸에이) 돌아가다 给(gěi 게이) 주다 你们(nǐ men 니먼) 너희들에게
天上的(tiān shàng de 톈상더) 하늘 위의 父(fù 뿌) 아버지

(요14:27) 평안을 너희에게 끼치노니 곧 나의 평안을 너희에게 주노라 내가 너희에게 주는 것은 세상이 주는 것과 같지 아니하니라 너희는 마음에 근심하지도 말고 두려워하지도 말라.

Peace I leave with you; my peace I give you. I do not give to you as the world gives. Do not let your hearts be troubled and do not be afraid.

피쓰 아이 리브 위듀; 마이 피쓰 아이 기뷰. 아이 두낱 기브
투유 애즈더 월을드 기브ㅈ. 두낱 레츄얼 할츠비 트라블드 앤
두낱 비어 쁘레이드.

Peace(피쓰) 평화 leave(리브) 남기다, 두고 가다 with 함께, 같이 my 나의 as 처럼, 만큼
the world(월을드) 세상 gives 주다 Do not let ~하게 하지마라 your hearts 너(희들)의
be troubled(트라블드) 근심되다 do not be afraid(어쁘레이드) 무서워하지 않다

27 我留下平安给你们; 我将我的平安赐给你们. 我所赐的, 不像世人

所赐的. 你们心里不要忧愁, 也不要胆怯.

wǒ liú xià píng' ān gěi nǐ men; wǒ jiāng wǒ de píng' ān cì gěi nǐ men.

wǒ suǒ cì de bú xiàng shì rén suǒ cì de. nǐ men xīn lǐ bú yào yōu

chóu yě bú yào dǎn qiè.

워 리우 샤/ 핑 안/ 게이 니 먼; 워/ 쌍 워 더/ 핑 안
츠 게이/ 니 먼. 워 쒀/ 츠 더, 부 쌍/ 스 런/ 쒀 츠 더
니 먼/ 씬 리/ 부 야오/ 여우 처우, 예/ 부 야오/ 단 체

留下(liú xià 리우샤) 말해두다, 묵다 平安(píng' ān 핑안) 평안 将(jiāng 쌍) ~할 것이다
赐(cì 츠) 베풀다 不像(bú xiàng 뿌쌍) ~와 같지 않은 世人(shì rén 스런) 세상사람
心里(xīn lǐ 씬리) 마음속에 忧愁(yōu chóu 여우처우) 근심(걱정)하다, 우울하다
胆怯(dǎn qiè 딴체) 겁내다, 위축되다

36 예수님의 마지막 설교

읽기 (막12:1~12) 암송 (마28:19~20) (갈4:6)

(마28:19~20) **그러므로 너희는 가서 모든 민족을 제자로 삼아 아버지와 아들과 성령의 이름으로 세례를 베풀고 내가 너희에게 분부한 모든 것을 가르쳐 지키게 하라. 볼지어다 내가 세상 끝 날까지 너희와 항상 함께 있으리라 하시니라.**

19 Therefore go and make disciples of all nations, baptizing them in the name of the Father and of the Son and of the Holy Spirit,

데얼뽀얼 고우앤 메익 디싸이플즈 어ᄇ 올 네이션ᴢ, 뱊타이징 뎀인더 네임 어브더 빠덜 앤어브더 썬 앤어브더 홀리 스삐맅.

Therefore(데얼뽀얼) 그러므로 go 가다 make 만들다 disciples(디싸이플ᴢ) 제자들
all 모든 nations 나라들 baptize(뱊타이즈) 세례주다 them 그들을
in the name of ~의 이름으로 the Holy Spirit(스삐맅) 성령

내가 너희에게 분부한 모든 것을 가르쳐 지키게 하라. 볼지어다 내가 세상 끝 날까지 너희와 항상 함께 있으리라 하시니라.

20 and teaching them to obey everything I have commanded you. And surely I am with you always, to the very end of the age."

앤 티칭뎀 투 오베이 에브리씽 아이해브 컴맨디듀. 앤 슈얼리 아이엠 위듀 올웨이즈, 투더 베리 엔드 어브디 에이쥐."

teach(티치) 가르치다 them(뎀) 그들을(에게) teaching them to 그들을 ~하도록 가르치는 것은 obey(오베이) 복종하다 everything 모든 것 have commanded(컴맨디드) 명령했다 surely(슈얼리) 확실히 am with ~와 함께 있다 always(올웨이즈) 항상, 언제나 very 바로, 매우, 아주 end 끝 age 연대, 시기

19 所以, 你们要去, 使万民作我的门徒, 奉父, 子, 圣灵的名给他们施洗.

suǒ yǐ nǐ men yào qù, shǐ wàn mín zuò wǒ de mén tú, fèng fù, zǐ, shèng líng de míng gěi tā men shī xǐ.

쒀 이, 니 먼/ 야오 취, 스 완 민/ 쭤 워 더/ 먼 투
뻥 뿌, 즈, 성 링 더 밍/ 게이 타 먼/ 스 씨.

所以(suǒ yǐ 쒀이) 그래서 去(qù 취) 가다 使(shǐ 스) 보내다
万民(wàn mín 완민) 만민, 모든 국민 作(zuò 쭤) 만들다, 삼다 我的(wǒ de 워더) 나의
门徒(mén tú 먼투) 제자 奉(fèng 뻥) 드리다, 받치다 子(zǐ 즈) 아들
圣灵的(shèng líng de 성링더) 성령의 名(míng 밍) 이름 给(gěi 게이) 주다
施(shī 스) 베풀다 洗(xǐ 씨) 세례, 씻다 施洗(shī xǐ 스씨) 세례를 베풀다

20 凡我所吩咐你们的, 都教训他们遵守, 我就常与你们同在, 直到世界的末了.

fán wǒ suǒ fēn fù nǐ men de dōu jiào xùn tā men zūn shǒu. wǒ jiù cháng yǔ nǐ men tóng zài, zhí dào shì jiè de mò liǎo.

빤 워 쒀/ 뻔 뿌/ 니 먼 더, 떠우 쨔오 쒼/ 타 먼 쭌 셔우, 워 찌우/ 창 위/ 니 먼/ 통 짜이, 즈 따오 스 쪠 더/ 뭐 랴오.

吩咐(fēn fù 뻔뿌) 분부하다, 시키다   教训(jiào xùn 쨔오쒼) 교훈하다, 가르치고 타이르다
遵守(zūn shǒu 쭌셔우) 준수하다, 지키다   常(cháng 창) 항상, 언제나
直到(zhí dào 쯔따오) 직행하다, 곧바로 도착하다   末了(mò liǎo 뭐랴오) 마지막, 최후, 끝부분

(갈4:6) **너희가 아들이므로 하나님이 그 아들의 영을 우리 마음 가운데 보내사 아빠 아버지라 부르게 하셨느니라.**

Because you are sons, God sent the Spirit of his Son into our hearts, the Spirit who calls out, "Abba, Father."

비커즈 유알 썬즈, 갇 쎈터 스삐릳어브 히즈 썬 인투 아월 할츠, 더 스삐릳 후 콜즈 아웉, 아바, 빠덜."

Because 왜냐하면   his 그의   sons 아들들   sent 보냈다   the Spirit 영   of 의
his 그의   Son 아들   into 안(속)으로   our 우리들의   hearts 마음들
calls out 소리내어 부르다   Father 아버지

6 你们既为儿子, 神就差他儿子的灵, 进入你们的心, 呼叫: 阿爸! 父!

nǐ men jì wèi ér zi shén jiù chāi tā ér zi de líng, jìn rù nǐ men de xīn, hū

jiào: ābà! fù!

니 먼/ 찌 웨이/ 얼 즈, 선 찌우/ 차이 타/ 얼 즈 더 링

찐 루/ 니 먼 더/ 씬, 후 쨔오: 아 빠! 뿌!

既(jì 찌) 이미, 벌써 为(wéi 웨이) 위해서 儿子(ér zi 알즈) 儿子的(ér zi de 알즈더) 아들의
灵(líng 링) 영 进入(jìn rù 찐루) 진입하다, 들다 心(xīn 씬) 마음 呼叫(hū jiào 후쨔오) 외치다

37

마지막에 심판이 있다

읽기 (마25:31~46) 암송 (요3:5) (벧전4:7)

(요3:5) 예수께서 대답하시되 진실로 진실로 네게 이르노니 사람이 물과 성령으로 나지 아니하면 하나님의 나라에 들어갈 수 없느니라.

Jesus answered, "I tell you the truth, no one can enter the kingdom of God unless he is born of water and the Spirit.

쥐저쓰 앤썰드, "아이 텔유더 트루쓰, 노원 캔 엔털더 킹덤 어브 갇 언레쓰 히이즈 볼_업 워럴 앤더 스삐맅.

answered 대답했다 tell 말하다 the truth 진리, 진실 no one 아무도
can enter 들어갈 수 없다 kingdom 왕국 God 하나님 unless ~하지 않으면
born 태어남 water 물 and 와, 과 the Spirit 성령

5 耶稣说:「我实实在在的告诉你, 人若不是从水和圣灵生的, 就不能进神的国.

yē sū shuō wǒ shí shí zài zài de gào su nǐ, rén ruò bú shì cóng shuǐ hé shèng líng shēng de, jiù bù néng jìn shén de guó.

예 쑤 숴 : 워/ 스 스 짜이 짜이 더/ 까오 쑤 니

런/ 뤄 부 스/ 총 수이/ 허 성 링/ 성 더

찌우 뿌 넝/ 찐 선 더/ 궈.

实实在在的(shí shí zài zài de 스스짜이짜이더) 참으로, 진실로
告诉(gào su 까오쑤) 알려주다 若(ruò 뤄) 만약 不是(bú shì 부스) 아니다
从(cóng 총) ~부터 水(shuǐ 수이) 물 和(hé 허) 과, 와 圣灵(shèng líng 성링) 성령
生(shēng 성) 낳다 不能(bù néng 뿌넝) ~할 수 없다 进(jìn 찐) 들어가다
神的国(shén de guó 선더궈) 하나님의 나라

(벧전4:7) 만물의 마지막이 가까이 왔으니 그러므로 너희는 정신을 차리고 근신하여 기도하라

The end of all things is near. Therefore be clear minded and self-controlled so that you can pray.

디 엔더브 올 띵즈이즈 니얼. 데얼뽀얼 비 클리얼 마인디드앤
쎌쁘-컨트롤드 쏘우 대츄 캔 프레이.

the end of ~의 끝(마지막) all things 모든 것들, 만물 near 가까운 is near 가깝다
therefore 그러므로 clear 갠, 맑은, 깨끗한 mind 마음, ~에 조심하다, 주의를 기울이다
so that ~하도록 pray 기도하다

7 万物的结局近了. 所以, 你们要谨慎自守, 儆醒祷告.

wàn wù de jié jú jìn le. suǒ yǐ nǐ men yào jǐn shèn zì shǒu jǐng xǐng
dǎo gào.

완 우 더/ 제 쥐/ 찐 러. 쒀 이, 니 먼 야오/ 진 선/
쯔 서우, 찡 씽/ 다오 까오.

万物的(wàn wù de 완우더) 만물의 结局(jié jú 쩨쥐) 결국, 결말 近了(jìn le 찐러) 가까워졌다
所以(suǒ yǐ 쒀이) 그러므로 谨慎(jǐn shèn 찐선) 신중하다
儆醒(jǐng xǐng 찡씽) 깨어있다, 경성하다 祷告(dǎo gào 다오까오) 기도드리다

38

최후의 만찬

읽기 (눅22:7~22) 암송 (마18:20) (요11:25~26)

(마18:20) **두세 사람이 내 이름으로 모인 곳에는 나도 그들 중에 있느니라.**
For where two or three gather in my name, there am I with
them."

뽈 웨얼 투 올 쓰리 개덜인 마이 네임, 데얼엠 아이 위ᵗ 뎀."

For ~한 이유로(때문에) where 곳, 어디   two 2, 둘   or 또는, ~나 three 3, 셋
gather 모이다 in my name 내 이름으로 there 거기   am 있다, 이다
I 내가, 나는   with them 그들과 함께(같이)

20 因为无论在哪里, 有两三个人奉我的名聚会, 那里就有我在他们
中间.

yīn wèi wú lùn zài nà lǐ, yǒu liǎng sān ge rén fèng wǒ de míng jù huì,
nà lǐ jiù yǒu wǒ zài tā men zhōng jiān.

인 웨이/ 우 룬/ 짜이 나 리, 여우 량 싼 꺼 런
뼁 워 더/ 밍/ 쮜 후이,
나 리/ 찌우 여우 워/ 짜이 타 먼/ 쫑 쩬,

因为(yīn wèi 인웨이) 때문에   无论(wú lùn 우룬)~에 관계없이, ~에도 불구하고
在那里(zài nà lǐ 짜이나리) 그 안에   有(yǒu 여우) 있다
两三个人(liǎng sān ge rén 량싼꺼런) 두 세 사람   奉(fèng 뻥) 드리다, 바치다
我的名(wǒ de míng 워더밍) 내 이름   聚会(jù huì 쮜후이) 모임, 집회   那里(nà lǐ 나리) 그 안에
在(zài 짜이) ~에   他们(tā men 타먼) 그들   中间(zhōng jiān 쯍쩬) 가운데

(요11:25~26) 예수께서 이르시되 나는 부활이요 생명이니 나를 믿는 자는 죽어도 살겠고 무릇 살아서 나를 믿는 자는 영원히 죽지 아니하리니 이 것을 네가 믿느냐?

25 Jesus said to her, "I am the resurrection and the life. He who believes in me will live, even though he dies;

쥐저쓰 쎋투 헐, "아이 엠더 레절렉션 앤더 라이쁘. 히후 빌
리브즈 인미 윌 리브, 이븐 도우 히 다이즈;

to her 그녀에게   the resurrection(레절렉션) 부활   the life 생명   will live 살 것이다
even though(이븐 도우) 비록 ~일지라도   they 그들이(가)   die 죽다

26 and whoever lives and believes in me will never die. Do you believe this?

앤 후에벌 리브즈 앤 빌리브즈 인미 윌 네벌 다이. 두유 빌리
브 디쓰?

whoever 누구든지   lives 살다   believes in ~을 믿다   me 나를
will never 절대 ~하지 않을 것이다   die 죽다   Do you 너는 ~하니?
believe 믿다   this 이것

25 耶稣对他说: 复活在我, 生命也在我. 信我的人虽然死了, 也必复活,

yē sū duì tā shuō: fù huó zài wǒ shēng mìng yě zài wǒ. xìn wǒ de rén

suī rán sǐ le yě bì fù huó.

예 쑤/ 뚜이 타 쒀: 뿌 훠/ 짜이 워, 셩 밍/ 예 짜이 워

씬/ 워 더 런/ 쑤이 란/ 쓰 러, 예 삐/ 뿌 훠,

对(duì 뚜이) ~에게   复活(fù huó 뿌훠) 부활   死(sǐ 쓰) 죽다
在我(zài wǒ 짜이워) 나에게   虽然(suī rán 쑤이란) 비록 ~일지라도   也(yě 예) ~도
信(xìn 씬) 믿다   生命(shēng mìng 셩밍) 생명   必(bì 삐) 반드시

26 凡活着信我的人必永远不死. 你信这话麽?

fán huó zhe xìn wǒ de rén bì yǒng yuǎn bù sǐ. nǐ xìn zhè huà me?

빤/ 훠 저/ 씬 워 더 런/ 삐 용 웬/ 뿌 쓰.

니 씬/ 쩌 화 머?

凡(fán 빤) 무릇   活着(huó zhe 훠저) 살아서   信(xìn 씬) 믿다
永远(yǒng yuǎn 용웬) 영원히   不死(bù sǐ 부쓰) 죽지 않다

39

겟세마네동산에서 기도

읽기 (눅22:47~62)　암송 (마16:24) (롬8:18)

(마16:24) **이에 예수께서 제자들에게 이르시되 누구든지 따라오려거든 자기를 부인하고 자기 십자가를 지고 나를 따를 것이니라.**

Then Jesus said to his disciples, "If anyone would come after me, he must deny himself and take up his cross and follow me.

덴 쥐저쓰 쎈투 히즈 디싸이플즈, "이쁘 애니원 우ㄷ 컴
애쁘털 미, 히 머쓰 디나이 힘쎌쁘 앤 테이컾 히즈 크로쓰앤
빨로우 미.

Then 그 다음에, 그러자　said to ~게 말했다　his 그의　disciples(디싸이플즈)　제자들
whoever 누구든지　wants to ~하고 싶다　be 되다　my 나의　disciple 제자
must (반드시)~해야 한다　deny(디나이) 부인하다　himself 그 자신　take up 집어 올리다
cross 십자가　follow(빨로우) 따라오다(가다)　me 나를

24 于是耶稣对门徒说：若有人要跟从我, 就当舍己, 背起他的十字架来跟从我.

yú shì yē sū duì mén tú shuō: ruò yǒu rén yào gēn cóng wǒ jiù dāng shě jǐ, bēi qǐ tā de shí zì jià lái gēn cóng wǒ.

위 스/ 예 쑤/ 뚜이 먼 투 쉬: 뤄 여우 런/ 야오
껀 총 워, 찌우 땅/ 서 지, 뻬이 치/ 타 더/ 스 쯔 쨔
라이 껀 총 워.

於是(yú shì 위스) 그래서, 이리하여   门徒(mén tú 먼투) 제자
有人(yǒu rén 여우런) 사람이 있다   从我(cóng wǒ 총워) 나로부터
舍己(shě jǐ 서지) 자기를 버리다   背(bēi 뻬이) 등, 등에 짊어지다
十字架(shí zì jià 스쯔쨔) 십자가

[롬8:18] 생각하건대 현재의 고난은 장차 우리에게 나타날 영광과 비교할 수 없도다.

I consider that our present sufferings are not worth comparing with the glory that will be revealed in us.

아이 컨씨덜 대라월 프레젠트 써뻐링즈 알낱 월쓰 컴페어링
위더 글로리 댙월비 리비올드인 어쓰.

consider 숙고하다 our 우리들의 present(프레젠트) 현재의 sufferings(써뻐링즈) 고통(고난)들
worth(월쓰) 가치가 있는 compare(컴페얼) with ~와 비교하다 the glory 영광
reveal 나타내다, 드러내다 will be revealed(리비올드) 드러나게 될 것이다
in us 우리들 속(안)에서

18 我想现在的苦楚, 若比起将来要显于我们的荣耀, 就不足介意了.

wǒ xiǎng xiàn zài de kǔ chǔ, ruò bǐ qǐ jiāng lái yào xiǎn yú wǒ men

de róng yào jiù bù zú jiè yì le.

워 쌍/ 쏀 짜이 더/ 쿠 추, 뤄 비 치/ 쨩 라이

야오 쏀 위/ 워 먼 더/ 롱 야오, 찌우/ 뿌 주/ 쪠 이 러

想(xiǎng 쌍) 생각하다　現在的(xiàn zài de 쏀짜이더) 현재의　苦楚(kǔ chǔ 쿠추) 고초

若(ruò 뤄) 만약　比(bǐ 비) 비교하다　将来(jiāng lái 쨩라이) 장래에

荣耀(róng yào 롱야오) 영예, 영광　不足(bù zú 뿌쭈) 부족하다, 모자라다

介意(jiè yì 쪠이) 개의하다

40

빌라도의 엉터리 판결

읽기 (마27:15~26) **암송** (롬12:1) (약1:14~15)

(롬12:1) 그러므로 형제들아 내가 하나님의 모든 자비하심으로 너희를 권하노니 너희 몸을 하나님이 기뻐하시는 거룩한 산 제물로 드리라 이는 너희가 드릴 영적 예배니라.

Therefore, I urge you, brothers, in view of God's mercy, to offer your bodies as living sacrifices, holy and pleasing to God– this is your spiritual act of worship.

데얼뽀얼, 아이 얼쥐 유, 브라덜ㅅ, 인 뷰어브 갇ㅈ 멀씨, 투 어뻘 유얼 바디즈 애즈 리빙 쌔크리빠이씨즈, 홀리 앤 플리징 투 갇- 디쓰 이쥬얼 스삐리츄얼 액트업 월쉽.

Therefore 그러므로 urge(얼쥐) 재촉(강권)하다 brothers 형제들 sisters 자매들
in view of ~에 비추어(고려하여) God's 하나님의 mercy(멀씨) 자비 offer(어뻘) 바치다
your 너(희들)의 bodies 몸들 as ~로서 living 살아있는 sacrifice(쌔크리빠이씨즈) 희생, 제물
holy 거룩한 pleasing 기쁜, 즐거운 true 진실한 worship(월쉽) 예배

1 所以弟兄们, 我以神的慈悲劝你们, 将身体献上, 当作活祭, 是圣洁的, 是神所喜悦的; 你们如此事奉乃是理所当然的.

suǒ yǐ dì xiōng men wǒ yǐ shén de cí bēi quàn nǐ men, jiāng shēn tǐ xiàn shàng dàng zuò huó jì, shì shèng jié de, shì shén suǒ xǐ yuè de; nǐ

한·영·중 BIBLE Championship

men rú cǐ shì fèng nǎi shì lǐ suǒ dāng rán de.

쒀 이/ 띠 쓩 먼 워/ 이 션 더/ 츠 뻬이/ 취엔 니 먼,

쨩 선 티/ 셴 상 땅 쭤/ 휘 찌, 스 셩 졔 더,

스/ 선 쒀/ 씨 위에 더; 니 먼/ 루 츠/ 스 뻥/

나이 스/ 리 쒀/ 땅 란 더.

所以(suǒ yǐ 쒀이) 그러므로 弟兄们(dì xiōng men 띠쓩먼) 형제들
以(yǐ 이) ~로서, ~을 가지고 神的(shén de 션더) 하나님의 慈悲(cí bēi 츠뻬이) 자비
劝(quàn 취엔) 권하다 身体(shēn tǐ 선티) 몸 献上(xiàn shàng 셴상) 바치다
当作(dàng zuò 땅쭤) ~로 삼다 活(huó 훠) 살다, 산채로 祭(jì 찌) 제사(지내다)
是(shì 스) ~이다 圣洁的(shèng jié de 셩쪠더) 성결한 喜悦(xǐ yuè de 씨위에) 기쁨, 희열
如此(rú cǐ 루츠) 이와 같이 奉(fèng 뻥) 드리다, 받치다 乃是(nǎi shì 나이스) 곧 ~이다
理所当然(lǐ suǒ dāng rán 리쒀땅란) 도리로 보아 당연하다

[약1:14~15] **오직 각 사람이 시험을 받는 것은 자기 욕심에 끌려 미혹됨이
니 욕심이 잉태한즉 되를 낳고 죄가 장성한즉 사망을 낳느니라.**

**14 but each one is tempted when, by his own evil desire, he
is dragged away and enticed.**

벝 이치 원 이즈 템프틷 웬, 바이 히즈 오운 이버을 디자이
얼, 히이즈 드래기더 웨이 앤드 엔타이쓰드.

after 뒤, 후 desire 욕망 has conceived(컨씨브드) 마음에 품었다 gives birth to ~를 낳다
sin 죄 when ~하면, 때, 언제 full-grown 충분히 자란 death(데쓰) 죽음, 사망

욕심이 잉태한즉 죄를 낳고 죄가 장성한즉 사망을 낳느니라.

15 Then, after desire has conceived, it gives birth to sin; and sin, when it is full-grown, gives birth to death.

덴, 애쁘털 디자이얼 해즈 컨씨브드, 잍 기브즈 벌쓰투 씬; 앤 씬, 웬 이디즈 풀 그로운, 기브즈 벌쓰투 데쓰.

after 뒤, 후   desire 욕망   has conceived(컨씨브드) 마음에 품었다   gives birth to ~를 낳다
sin 죄   when ~하면, 때, 언제   full-grown 충분히 자란   death(데쓰) 죽음, 사망

14 但各人被试探, 乃是被自己的私欲牵引诱惑的.

dàn gè rén bèi shì tàn, nǎi shì bèi zì jǐ de sī yù qiān yǐn yòu huò de.

딴 꺼 런/ 뻬이 스 탄,
나이 스/ 뻬이 쯔 지 더/ 쓰 위/ 첸 인/ 여우 훠 더.

但(dàn 딴) 다만   各人(gè rén 꺼런) 각 사람   被(bèi 뻬이) ~에 의해
试探(shì tàn 스탄) (어떤 문제) 탐색(모색, 탐구) 하다   乃是(nǎi shì 나이스) 곧 ~이다
自己的(zì jǐ de 쯔지더) 자기의   私欲(sī yù 쓰위) 사욕
牵引(qiān yǐn 첸인) 끌다, 견인하다   诱惑(yòu huò de 여우훠더) 유혹

15 私欲既怀了胎, 就生出罪来; 罪既长成, 就生出死来.

sī yù jì huái le tāi, jiù shēng chū zuì lái; zuì jì zhǎng chéng, jiù shēng chū sǐ lái.

쓰 위/ 찌 화이 러 타이, 찌우 성 추/ 쭈이 라이;

쭈이/ 찌 쌍 청, 찌우 성 추/ 쓰 라이.

私欲(sī yù 쓰위) 사욕, 개인의 욕심　既(jì 찌) 이미, 벌써
怀胎(huái tāi 화이타이) 임신하다　胎(tāi 타이) 태, 태아
怀了胎(huái le tāi 화이러타이) 임신했다　就(jiù 찌우) 곧, 바로
生(shēng 성) 다, 생기다　出来(chū lái 추라이) 나오다, 낳다
出罪来(chū zuì lái 추쭈이라이) 죄를 낳다　罪(zuì 쭈이) 죄
长成(zhǎng chéng 쌍청) 성장하다, 자라다　死(sǐ 쓰) 죽다, 사라지다

41

십자가에 달리신 예수님

읽기 (막15:24~39) 암송 (마7:13~14) (고전1:18)

(마7:13~14) 좁은 문으로 들어가라 멸망으로 인도하는 문은 크고 그 길이 넓어 그리로 들어가는 자가 많고 생명으로 인도하는 문은 좁고 길이 협착하여 찾는 자가 적음이라.

13 Enter through the narrow gate. For wide is the gate and broad is the road that leads to destruction, and many enter through it.

엔털 쓰루더 내로우 게이트. 뽈 와이드 이즈더 게이트 앤 브로드 이즈더 로우드 댙 리즈투 디스뜨럭션, 앤 매니 엔털 쓰루 잍.

enter 들어가다 through(쓰루) ~통하여 narrow(내로우) 좁은 gate 문 For ~이므로
wide 넓은 broad(브로드) 폭이 넓은, 광대한 road 길 leads to ~로 이끌다
destruction(디스뜨럭션) 멸망 many 많은(수) enter through ~를 통해 들어가다

생명으로 인도하는 문은 좁고 길이 협착하여 찾는 자가 적음이라.

14 But small is the gate and narrow the road that leads to life, and only a few find it.

벝 스몰 이즈더 게이트앤 내로우 더 로우드댙 리즈투 라이쁘, 앤 온리어 쀼 빠인드 잍.

13 你们要进窄门. 因为引到灭亡, 那门是宽的, 路是大的, 进去的人 也多;

nǐ men yào jìn zhǎi mén. yīn wèi yǐn dào miè wáng, nà mén shì kuān de, lù shì dà de jìn qù; jìn qù de rén yě duō;

니 먼 야오 찐 / 짜이 먼. 인 웨이/ 인 따오/ 메 왕,

나 먼 스/ 콴 더, 루 스/ 따 더, 찐 취 더 런/ 예 뚸

进(jìn 찐) 들어가다　窄(zhǎi 짜이) 좁다　门(mén 먼) 문　窄门(zhǎi mén 짜이먼) 좁은 문
因为(yīn wèi 인웨이) 왜냐하면　引到(yǐn dào 인따오) 인도하다　灭亡(miè wáng 몌왕) 멸망
那门(nà mén 나먼) 그 문　是(shì 스) 이다　宽(kuān 콴) 넓다　路(lù 루) 길
大(dà 따) 크다　进去(jìn qù 찐취) 들어가다　进去的(jìn qù de 찐취더) 들어가는
人(rén 런) 사람　也(yě 예) ~도　多(duō 뚸) 많다

14 引到永生, 那门是窄的, 路是小的, 找着的人也少.

yǐn dào yǒng shēng nà mén shì　zhǎi de, lù shì xiǎo de, zhǎo zháo de rén yě shǎo.

인 따오/ 용 셩, 나 먼/ 스 짜이 더,

루 스/ 샤오 더, 자오 자오 더 런/ 예 사오.

窄的(zhǎi de 짜이더) 좁은　小(xiǎo 샤오) 작다　找(zhǎo 짜오) 찾다
找着的(zhǎo zháo 짜오자오) 찾아내다　少(shǎo 사오) 적다

<u>(고전1:18)</u> **십자가의 도가 멸망하는 자들에게는 미련한 것이요 구원을 받는 우리에게는 하나님의 능력이라.**

For the message of the cross is foolishness to those who are perishing, but to us who are being saved it is the power of God.

뽈더 메씨쥐 어브더 크로쓰 이즈 뽈리쉬니쓰 투 도우즈 후알
페리쉥, 벝투 어쓰 후알 비잉 쎄이브드 이리즈더 파월어브 갇.

the cross 십자가   foolishness(뽈리쉬니쓰) 어리석은   is foolishness 어리석다
to those who ~하는 사람들에게   are perishing 멸망하고 있다   to us 우리들에게
save 구하다   be saved 구원받다   are being saved 구원을 받고 있다   it 그것은(이)
is 이다, 있다   the power of God 하나님의 능력

18 因为十字架的道理, 在那灭亡的人为愚拙. 在我们得救的人, 却为神的大能.

yīn wèi shí zì jià de dào lǐ zài nà miè wáng de rén wéi yú zhuō. zài wǒ men dé jiù de rén què wèi shén de dà néng.

인 웨이/ 스 쯔 쨔 더/ 따오 리
짜이 나/ 메 왕 더 런 웨이 위 쭦;
짜이 워 먼/ 더 찌우 더/ 런, 췌 웨이/ 선 더/ 따 넝

因为(yīn wèi 인웨이) 왜냐하면   十字架的(shí zì jià de 스쯔쨔더) 십자가의
道理(dào lǐ 따오리) 도리   在那(zài nà 짜이나) 거기에, 저기에
灭亡的(miè wáng de 몌왕더) 멸망의   人(rén 런) 사람   为(wéi 웨이) ~이다
愚拙(yú zhuō 위쭦) 어리석고 못나다   在(zài 짜이) ~에   我们(wǒ men 워먼) 우리들
得救的(dé jiù de 더찌우더) 구제(구원)받는   却(què 췌)도리어, 오히려
神的(shén de 선더) 하나님의   大能(dà néng 따넝) 큰 능력

42

죽음에서 부활하신 예수님

읽기 (눅24:13~35) 암송 (요15:5) (마7:21)

(요15:5) 나는 포도나무요, 너희는 가지라. 그가 내안에, 내가 그 안에 거하면 사람이 열매를 많이 맺나니 나를 떠나서는 너희가 아무 것도 할 수 없음이라.

I am the vine; you are the branches. If a man remains in me and I in him, he will bear much fruit; apart from me you can do nothing.

아이 엠더 바인; 유알더 브랜취즈. 이쁘어 맨 리메인즈 인미 앤 아이 인힘, 히윌 베얼 머치 쁘루트; 어팔트 쁘롬미 유 캔두 나띵.

I 나는, 내가 am 이다, 있다 the vine 포도나무 are 이다, 있다 branches 가지들 if 만약 remain(리메인) 남아있다 in me 내 안에 in you 네 안에 bear 열매 맺다 much 많은 fruit(쁘루트) 열매 apart from ~와 떨어져서 can do 할 수 있다 nothing 아무것

5 我是葡萄树, 你们是枝子. 常在我里面的, 我也常在他里面, 这人就多结果子; 因为离了我, 你们就不能做什么.

wǒ shì pú táo shù nǐ men shì zhī zi. cháng zài wǒ lǐ miàn de wǒ yě cháng zài tā lǐ miàn, zhè rén jiù duō jié guǒ zǐ yīn wèi lí le wǒ, nǐ men jiù bù néng zuò shén mo.

워 스/ 푸 타오 수, 니 먼 스/ 쯔 즈.

창 짜이/ 워 리 몐 더, 워 예/ 창 짜이/ 타 리 몐

쩌 런/ 찌우 뚸 쪠/ 궈 즈

인 웨이/ 리 러 워, 니 먼/ 찌우 뿌 넝/ 쭤 선 머

我是(wǒ shì 워스) 나는 ~이다 葡萄(pú táo 푸타오) 포도 树(shù 수) 나무
你们(nǐ men 니먼) 너희들은 枝子(zhī zi 쯔즈) 나무가지 常(cháng 창) 항상
里面(lǐ miàn 리몐) 안 我也(wǒ yě 워예) 나도 这人(zhè rén 쩌런) 이 사람
就(jiù 찌우) 곧, 즉시 多(duō 뚸) 많다, 많은 结果子(jié guǒ zǐ 쪠궈즈) 열매를 맺다
因为(yīn wèi 인웨이) 왜냐하면 离(lí 리)떠나다 离了(lí le 리러) 떠났다
不能(bù néng 뿌넝) 할 수 없다 做(zuò 쭤) 하다 甚麽(shén mo 선머) 무엇

(마7:21) 나더러 주여 주여 하는 자마다 다 천국에 들어갈 것이 아니요 다만 하늘에 계신 내 아버지의 뜻대로 행하는 자라야 들어가리라.

Not everyone who says to me, 'Lord, Lord,' will enter the kingdom of heaven, but only he who does the will of my Father who is in heaven.

낱 에브리원 후 쎄즈 투미, '롤드, 롤드,' 윌 엔털더 킹덤어브 헤븐, 벋 온리 히 후 더즈더 위을업 마이 빠덜 후이즈 인 헤븐.

Not everyone 다 ~하는 것은 아니다   say 말하다   to me 나에게   enter 들어가다
kingdom 왕국   the kingdom of heaven 천국   only the one who ~하는 사람 만
does 하다   will 뜻, 의지   of 의   my 나의   is 있다   in heaven 천국(하늘)에

21 凡称呼我主阿, 主阿的人不能都进天国; 惟独遵行我天父旨意的人才能进去.

fán chēng hu wǒ zhǔ ā zhǔ ā de rén bù néng dōu jìn tiān guó; wéi dú zūn xíng wǒ tiān fù zhǐ yì de rén cái néng jìn qù.

빤 청 후 워/ 주 아, 주 아 더 런/ 뿌 넝/ 떠우 찐/ 텐 궈 웨이 두/ 쭌 씽 워/ 텐 뿌/ 쯔 이 더 런/ 차이 넝/ 찐 취

不能(bù néng 뿌넝) 할 수 없다   都(dōu 떠우) 다, 모두   进(jìn 찐) 들어가다
天国(tiān guó 텐궈) 천국   惟独(wéi dú 웨이두) 오직, 유독   遵行(zūn xíng 쭌씽) 준행하다
我天父(wǒ tiān fù 워텐뿌) 나의 하늘 아버지   旨意(zhǐ yì 쯔이) 의도, 뜻
才能(cái néng 차이넝) ~할 수 있다   进去(jìn qù 찐취) 들어가다

43

도마가 놀란 진짜 이유

(롬10:17) 그러므로 믿음은 들음에서 나며 들음은 그리스도의 말씀으로 말미암았느니라.

Consequently, faith comes from hearing the message, and the message is heard through the word of Christ.

컨씨퀀틀리, 뻬이쓰 컴즈 쁘롬 히어링더 메씨쥐, 앤더 메씨쥐
이즈 헐드 쓰루더 월더브 크라이스트.

Consequently(컨씨퀀틀리) 결과적으로, 따라서   faith(뻬이쓰) 믿음
comes from ~에서 오다   hearing 들음   is 이다   heard 들었다
through(쓰루)~를 통해 들었다   the word 말씀   about ~에 대하여

17 可见信道是从听道来的, 听道是从基督的话来的.

kě jiàn xìn dào shì cóng tīng dào lái de tīng dào shì cóng jī dū de
huà lái de.

커 쪤/ 씬 따오/ 스 총/ 팅 따오/ 라이 더,
팅 따오/ 스 총/ 찌 뚜 더/ 화 라이 더.

可见(kě jiàn 커쪤) 알 수 (볼 수)있다   信道(xìn dào 씬따오) 종교를 믿다
是从(cóng총) 쫓다, 따르다   听(tīng 팅) 듣다   道(dào 따오) 말씀   来(lái 라이) 오다

(히11:6) 믿음이 없이는 하나님을 기쁘시게 하지 못하나니 하나님께 나아가는 자는 반드시 그가 계신 것과 또한 그가 자기를 찾는 자들에게 상주시는 이심을 믿어야 할지니라.

And without faith it is impossible to please God, because anyone who comes to him must believe that he exists and that he rewards those who earnestly seek him.

앤 위다울 뻬이쓰 이리즈 임파써블투 플리즈 갇, 비커즈 애니 원후 컴즈 투힘 머쓰 빌리브댙 히 이그지스츠 앤댙 히 리월즈 도우즈후 얼니쏠리 씩힘(씨킴).

without ~없이 faith 믿음 it is impossible(임파써블) to ~하는 것이 불가능하다
please 기쁘게 하다 because 왜냐하면, 때문에 anyone who ~하는 누구든지
comes to ~에게 오다 him 그에게 must believe 믿어야한다 must~(반드시) 해야 한다
exists(이그지스츠) 존재하다 rewards(리월즈) 보상(보답)하다 those who ~하는 사람들
earnestly(얼니쏠리) 열심히, 진심으로 seek 찾다, 추구하다 him 그를

6 人非有信，就不能得神的喜悦；因为到神面前来的人必须信有神，且信他赏赐那寻求他的人.

rén fēi yǒu xìn jiù bù néng dé shén de xǐ yuè; yīn wèi dào shén miàn qián lái de rén bì xū xìn yǒu shén, qiě xìn tā shǎng cì nà xún qiú tā de rén.

런 뻬이 여우 씬, 찌우 뿌 넝 더/ 선 더/ 씨 위에;
인 웨이/ 따오/ 선 몐 쳰/ 라이 더 런/ 삐 쒸/ 씬 여우 선
체 씬/ 타 샹/ 츠 나/ 쒼 치우/ 타 더 런.

有(yǒu 여우) 있다　信(xìn 씬) 믿음, 믿다　不能(bù néng 뿌넝) 할 수 없다
喜悦(xǐ yuè씨웨) 기쁨　到(dào 따오) 도달하다, 이르다　面前(miàn qián 몐쳰) 눈앞, 면전
来的(lái de 라이더) 나오는　必须(bì xū 삐쒸) 반드시 ~해야 한다　且(qiě 쳬) 게다가, 또한
赏(shǎng 샹) 상(을 주다)　赐(cì 츠) 주다, 하사하다　寻求(xún qiú 쒼치우) 찾다, 탐구하다

44

사울이 변화된 진짜 이유

읽기 (행9:1~19) **암송** (욜2:28) (행1:8)

(욜2:28) 그 후에 내가 내 영을 만민에게 부어 주리니 너희 자녀들이 장래 일을 말할 것이며 너희 늙은이는 꿈을 꾸며 너희 젊은이는 이상을 볼 것 이며

And afterward, I will pour out my Spirit on all people. Your sons and daughters will prophesy, your old men will dream dreams, your young men will see visions.

앤 애쁘털월드, 아월 포얼 아웉 마이 스삐맅 온올 피플. 유얼 썬즈앤 도럴즈월 프라뻐싸이, 유얼 올드 멘 월 드림 드림즈, 유 얼 영멘월 씨 비젼스.

afterward(애쁘털월드) 그 후에   pour(포얼) 따르다, 붓다   my 나의, 내   Spirit 영, 정신   on 위 all 모든   people 사람들   sons 아들들   daughters 딸들   prophesy(프라뻐싸이) 예언하다 old 늙은   men 남자들, 사람들   dream 꿈꾸다   dreams 꿈들   your 너의, 너희들 young 젊은   men 남자들   will see 볼 것이다   visions 환상

28 以后, 我要将我的灵浇灌凡有血气的. 你们的儿女要说预言; 你们的老年人要做异梦, 少年人要见异象.

yǐ hòu wǒ yào jiāng wǒ de líng jiāo guàn fán yǒu xuè qì de. nǐ men de ér nǚ yào shuō yù yán; nǐ men de lǎo nián rén yào zuò yì mèng, shào nián rén yào jiàn yì xiàng.

이 허우, 워 야오 / 쨩 워 더 링/ 쨔오 꽌/ 빤 여우
쒸에 치 더. 니 먼 더/ 얼 뉘/ 야오 쉬/ 위 옌;
니 먼 더/ 라오 녠 런/ 야오 쭤/ 이 멍, 사오 녠 런/
야오 쩬/ 이 쌍

以後(yǐ hòu 이허우) 이후에　要将(yào jiāng 야오쨩) ~할 것이다　我的(wǒ de 워더) 나의
灵(líng 링) 영, 성령　浇灌(jiāo guàn 쨔오꽌) 물을 주다　凡(fán 빤) 무릇
有血气的(yǒu xuè qì de 여우쒸에치더) 혈기 있는　你们的(nǐ men de 니먼더) 너희들의
儿女(ér nǚ 얼뉘) 아들 딸　说(shuō 쉬) 말하다　预言(yù yán 위옌) 예언
老年人(lǎo nián rén 라오녠런) 노인　做(zuò 쭤) 하다　异梦(yì mèng 이멍) 이상한 꿈
少年人(shào nián rén 사오녠런) 소년　见(jiàn 쩬) 보다　异象(yì xiàng 이쌍) 이상

[행1:8] 오직 성령이 너희에게 임하시면 너희가 권능을 받고 예루살렘과 온 유대와 사마리아와 땅 끝까지 이르러 내 증인이 되리라 하시니라.

But you will receive power when the Holy Spirit comes on you; and you will be my witnesses in Jerusalem, and in all Judea and Samaria, and to the ends of the earth.

버츄윌 리씨브 파월 웬더 홀리 스뻬맅 컴즈 온유; 앤 유을비
마이 윝니쓰인 지루썰럼, 앤 인올 쥬디어 앤 써메어리어, 앤
투디 엔즈 업디 얼씻.

will receive(리씨브) 받을 것이다   power 힘, 능력   when ~하면   the Holy Spirit 성령
comes 오다   on 위   will be 될 것이다   my 나의   witnesses(윝니쓰) 증인   ends 끝
the earth(얼씻) 땅   the Earth 지구   to ~로   the ends of the earth 세상 끝

8 但圣灵降临在你们身上, 你们就必得着能力, 并要在耶路撒冷, 犹
太全地, 和撒玛利亚, 直到地极, 作我的见证.

dàn shèng líng jiàng lín zài nǐ men shēn shàng, nǐ men jiù bì dé zháo

néng lì, bìng yào zài yē lù sā lěng, yóu tài quán dì hé sā mǎ lì yà, zhí

dào dì jí zuò wǒ de jiàn zhèng.

딴 성 링/ 쨩 린/ 짜이 니 먼/ 선 상, 니 먼 찌우

삐 더 자오 넝 리, 삥 야오 짜이/ 예 루 싸 렁, 여오 타이

췐 띠, 허 싸 마 리 야, 즈 따오/ 띠 찌, 쭤 워 더/ 쪤 쩡

但(dàn 딴) 오직, 다만   圣灵(shèng líng 성링)   降临(jiàng lín 쨩린) 강림하다, 내려오다
身上(shēn shàng 선상)   在(zài 짜이)~上(shàng 상) ~위에   得(dé 더) 얻다, 획득하다
着(zháo 자오) 느끼다, 받다   能力(néng lì 넝리) 능력   并(bìng 삥) 또한, 그리고
耶路撒冷(yē lù sā lěng 예루쌀렁) 예루살렘   犹太(yóu tài 여우타이) 유대
全地(quán dì 췐띠) 온 땅   和(hé 허) 와   撒玛利亚(sā mǎ lì yà 싸마리야) 사마리아
直到(zhí dào 쯔따오) ~에 이르다   地极(dì jí 띠찌) 땅끝, 북극과 남극
作(zuò 쭤) 만들다, 짓다   我的(wǒ de 워더) 나의   见证(jiàn zhèng 쪤쩡) 증인, 증거

45

죽음 앞에서 깊은 잠

읽기 (행12:1~17) **암송** (시127:2) (빌4:6~7)

(시127:2) **너희가 일찍 일어나고 늦게 누우며 수고의 떡을 먹음이 헛되도다 그러므로 여호와께서 그의 사랑하시는 자에게는 잠을 주시는도다.**

In vain you rise early and stay up late, toiling for food to eat - for he grants sleep to those he loves.

인 베인 유 라이ㅈ 얼을리앤 스떼이엎 레이ㅌ, 토일링 뽈 뿓
투읻- 뽈 히 그랜ㅊ 슬맆 투 도우ㅈ히 러브ㅈ.

in vain 헛되이, 쓸데없이 rise 일어나다 early(얼을리) 일찍 stay up 밤새우다, 밤샘하다
late 늦게 toil 애써일하다, 수고하다 for ~를 위해 food 음식, 식량 eat 먹다
food to eat 먹을 음식 grants(그랜ㅊ) 허가하다, 승락하다 sleep 잠

2 你们清晨早起, 夜晚安歇, 吃劳碌得来的饭, 本是枉然; 惟有耶和华所亲爱的, 必叫他安然睡觉.

nǐ men qīng chén zǎo qǐ yè wǎn ān xiē, chī láo lù dé lái de fàn běn shì wǎng rán; wéi yǒu yē hé huá suǒ qīn' ài de bì jiào tā ān rán shuì jiào.

니 먼/ 칭 천 짜오 치, 예 완/ 안 쎄, 츠 라오 루
더 라이 더 빤, 번 스/ 왕 란; 웨이 여우 예 허 화
쒀 친 아이 더, 삐 쨔오 타/ 안 란/ 수이 쨔오

晨(qīng 칭) 새벽, 아침　早(chén 천) 일찍, 아침　晨早(qīng chén 칭천) 아침 일찍
夜(yè 예) 밤　晚(wǎn 완) 늦게　夜晚(yè wǎn 예완) 밤늦게
安歇(ān xiē 안쎄) 잠자리에 들다, 휴식하다, 머물다　吃(chī 츠) 먹다
劳碌(láo lù 라오루) 고생하다. 바쁘게 일하다　本是(běn shì 번스) 본래 ~이다
枉然(wǎng rán 왕란) 헛되다, 보람없다　惟有(wéi yǒu 웨이여우) 오직 ~해야만
亲爱的(qīn' ài de 친아이더) 사랑하는　安然(ān rán 안란) 무사(평온)하다
睡觉(shuì jiào 수이쨔오) 자다

(빌4:6~7) 아무것도 염려하지 말고 다만 모든 일에 기도와 간구로 너희 구할 것을 감사함으로 하나님께 아뢰라. 그리하면 모든 지각에 뛰어난 하나님의 평강이 그리스도 예수 안에서 너희 마음과 생각을 지키시리라.

6 Do not be anxious about anything, but in everything, by prayer and petition, with thanksgiving, present your requests to God.

두낱비 앵셔쓰 어바웉 애니씽, 버린 에브리씽, 바이 프레얼앤 피티션, 위드 땡쓰기빙, 프레젠츄얼 리퀘슽투 갇.

Do not ~하지 마라 anxious(앵셔쓰) 걱정하는, 염려하는 be anxious about ~에 대해 걱정하다 anything 아무것(부정) everything 모든 것, 만사 by ~로 prayer 기도 and 와, 과 petition(피티션) 간구, 간청 with 같이, 함께 thanksgiving 감사 present 말하다, 진술하다 your 너의 requests(리퀘스츠) 요구, 부탁 to God 하나님께

그리하면 모든 지각에 뛰어난 하나님의 평강이 그리스도 예수 안에서 너희 마음과 생각을 지키시리라.

7 And the peace of God, which transcends all understanding, will guard your hearts and your minds in Christ Jesus.

앤더 피쓰업 갇, 위치 트랜쎈즈 올 언덜스땐딩, 윌 갈듀얼 할츠 앤듀얼 마인즈인 크라이쓭 쥐저쓰.

peace 평화 transcends(트랜쎈즈) 초월하다, 능가하다 all 모든 understanding 이해, 깨달음 will guard 지킬 것이다 your 너의 hearts 마음, 가슴, 심장 minds 마음들

6 应当一无挂虑, 只要凡事借着祷告, 祈求, 和感谢, 将你们所要的告诉神.

yīng dāng yī wú guà lǜ, zhǐ yào fán shì jiè zhe dǎo gào qí qiú hé gǎn xiè, jiāng nǐ men suǒ yào de gào su shén.

잉 땅/ 이 우/ 꽈 뤼, 즈 야오/ 빤 스/ 쪠 저/ 다오 까오

치 치우, 허 간 쎼, 쨩 니 먼/ 쒀 야오 더/ 까오 쑤 선

应当(yīng dāng 잉땅) 당연히~해야 한다　一无(yì wú 이우) 조금도 없다
挂虑(guà lǜ 꽈뤼) ~에 대해 걱정하다　只(zhǐ 즈) 오직　凡事(fán shì 빤스) 모든 것(일)
借着(jiè zhe 쪠저) 빌려　祷告(dǎo gào 다오까오) 기도하다　祈求(qí qiú 치치우) 간구하다
和(hé 허) 와, 과　感谢(gǎn xiè 깐쎼) 감사　所要的(suǒ yào de 쒀야오더) 모든
告诉(gào su shén 까오쑤) 알리다　神(shén 선) 하나님

7 神所赐, 出人意外的平安必在基督耶稣里保守你们的心怀意念.

shén suǒ cì, chū rén yì wài de píng' ān bì zài jī dū yē sū lǐ bǎo shǒu nǐ men de xīn huái yì niàn.

선 쒀 츠, 추 런/ 이 와이 더/ 핑 안/ 삐 짜이 찌 뚜

예 쑤 리 바오 서우/ 니 먼 더/ 씬 화이/ 이 녠

赐(cì 츠) 베풀다　出人(chū rén 추런) 남보다 뛰어나다　意外的(yì wài de 이와이더) 뜻밖의
平安(píng' ān 핑안) 평안　必(bì 삐) 반드시　在(zài 짜이) ~里(lǐ 리) ~안에
基督耶稣(jī dū yē sū 찌뚜예쑤) 예수 그리스도　保守(bǎo shǒu 바오서우) 지키다
你们的(nǐ men de 너먼더) 너희의　心(xīn 씬) 마음　心怀(xīn huái 씬화이) 마음에 품다
意念(yì niàn 이녠) 생각, 견해

46

폭풍 속에서 바울

읽기 (행27:9~26)   암송 (시42:5) (빌2:13)

(시42:5) 내 영혼아 네가 어찌하여 낙심하며 어찌하여 내 속에서 불안해 하는가 너는 하나님께 소망을 두라 그가 나타나 도우심으로 말미암아 내가 여전히 찬송하리로다.

Why are you downcast, O my soul? Why so disturbed within me? Put your hope in God, for I will yet praise him, my Savior and my God.

와이 알유 다운캐스트, 오 마이 쏘울? 와이 쏘우 디스털브드 위딘미? 풑 유얼 호웊 인갇, 뿔 아이월 옡 프레이즈힘, 마이 쎄이비얼 앤 마이 갇.

Why 왜, 이유 my 나의   soul 영혼 downcast(다운캐스트) 풀죽은, 기가 꺾인
so 그렇게 within ~안에서 disturbed(디스털브드) 불안한, 동요한
put A in B : A를 B 안에 두다 your 너의 hope 희망 yet(옡) 오히려
praise(프레이즈) 찬양하다 him 그를, 그에게 my 나의 Savior(쎄이비얼 구세주)

5 我的心哪, 你为何忧闷? 为何在我里面烦躁? 应当仰望神, 因他笑脸帮助我 ; 我还要称赞他.

wǒ de xīn nǎ nǐ wèi hé yōu mèn? wèi hé zài wǒ lǐ miàn fán zào? yīng

dāng yǎng wàng shén, yīn tā xiào liǎn bāng zhù wǒ; wǒ hái yào

chēng zàn tā.

워 더 씬 나, 니 웨이 허 여우 먼?

웨이 허/ 짜이 워 리 몐/ 빤 짜오?

잉 땅/ 양 왕 선, 인 타/ 샤오 롄/ 빵 쭈 워;

워 하이 야오/ 청 짠/ 타

我的心(wǒ de xīn 워더씬) 나의 마음 为何(wèi hé 웨이허) 무엇 때문에
忧闷(yōu mèn 여우먼) 근심하여 번민하다, 골머리를 앓다 里面(lǐ miàn 리몐) 안쪽, 내부
烦躁(fán zào 빤짜오) 초조하다 应当(yīng dāng 잉땅) 응당 ~해야 한다
仰望(yǎng wàng 양왕) 머리를 들어 바라보다 因他(yīn tā 인타) 그로 인해
笑脸(xiào liǎn 샤오롄) 웃는 얼굴 帮助(bāng zhù 빵쭈) 돕다, 도와주다
还要(hái yào 하이야오) 아직도, 여전히 称赞(chēng zàn 청짠) 칭찬하다

(빌2:13) 너희 안에서 행하시는 이는 하나님이시니 자기의 기쁘신 뜻을 위하여 너희에게 소원을 두고 행하게 하시나니

for it is God who works in you to will and to act according to his good purpose.

뽈 이리즈 갇 후 월ㄴ쓰 인유 투 윌 앤투 액트어 콜딩투 히즈 굳 펄포쓰.

works 일하다 in 속, 안   will ~하려하다   act 행동하다 in order to ~하기 위해
fulfill 이행하다, 완수하다 his 그의   good 선한, 좋은 purpose(펄포쓰) 목적

13 因为你们立志行事都是神在你们心里运行, 为要成就他的美意.

yīn wèi nǐ men lì zhì xíng shì dōu shì shén zài nǐ men xīn lǐ yùn xíng,
wèi yào chéng jiù tā de měi yì.

인 웨이/ 니 먼/ 리 쯔/ 씽 스/ 떠우 스/ 선 짜이 니 먼
씬 리/ 윈 씽, 웨이 야오/ 청 찌우/ 타 더/ 메이 이.

因为(yīn wèi 인웨이) 왜냐하면   立志(lì zhì 리쯔) 뜻을 세우다   行事(xíng shì 씽스) 행사
都(dōu 떠우) 다, 모두   是(shì 스) 이다   神(shén 선) 하나님
在你们心里(zài nǐ men xīn lǐ 짜이니먼 씬리) 너희들 마음속에   里(lǐ 리) 안, 속
运行(yùn xíng윈씽) 운행하다   为(wèi 웨이) 위해   成就(chéng jiù 청찌우) 성취하다
美意(měi yì 메이 이) 호의

47

기독교 교리요약

읽기 (롬8:9~18)   암송 (요3:16) (행16:31)

(요3:16) **하나님이 세상을 이처럼 사랑하사 독생자를 주셨으니 이는 그를 믿는 자마다 멸망하지 않고 영생을 얻게 하려 하심이라.**

For God so loved the world that he gave his one and only Son, that whoever believes in him shall not perish but have eternal life.

뽈 갓 쏘우 러브더 월ㄹㄷ 댙히 게이브 히즈 원 앤 온리 썬, 댙 후에벌 빌리브ㅈ인 힘 쉬엘낱 페리쉬 벝해브 이털너을 라이쁘.

For God so 너무, 아주   the world 세상, 세계   gave 주었다 his 그의
one and only Son 독생자, 외아들   whoever 누구든지   believes in ~를 믿다
him 그를   shall not ~하지 않을 것이다   perish(페리쉬) 멸망하다   have 가지다
eternal life 영원한 삶

16 「神爱世人, 甚至将他的独生子赐给他们, 叫一切信他的, 不至灭亡, 反得永生.

shén ài shì rén, shèn zhì   jiāng tā de dú shēng zǐ cì gěi tā men, jiào yí qiè xìn tā de bú zhì miè wáng fǎn de yǒng shēng.

선/ 아이 스 런, 선 쯔/ 쨩 타 더/ 두 성 즈/ 츠 게이
타 먼, 쨔오 이 체/ 씬 타 더, 부 쯔/ 몌 왕, 빤 더/
용 성

爱(ài 아이) 사랑하다   世人(shì rén 스런) 세상사람, 일반사람
甚至(shèn zhì 선쯔) 심지어, ~조차도   他的(tā de 타더) 그의
独生子(dú shēng zǐ 두성즈) 독생자, 외아들   赐给(cì gěi 츠게이) 베풀어주다
叫(jiào 쨔오)부르다   一切(yí qiè 이체) 모든, 일체   信(xìn 씬) 믿다
不至(bú zhì 부쯔) 이르지 못하다   灭亡(miè wáng 몌왕) 멸망   反(fǎn 빤) 반대로
永生(yǒng shēng 용성) 영생

(행16:31) 이르되 주 예수를 믿으라 그리하면 너와 네 집이 구원을 받으리라 하고

They replied, "Believe in the Lord Jesus, and you will be saved – you and your household."

데이 리플라이드, "빌리브 인더 롤드 쥐저쓰, 앤 율비 쎄이브드
– 유 앤듀얼 하우쓰홀드."

they 그들이   replied 대답했다   Believe in ~을 믿다   the Lord Jesus 주 예수
and 그러면   will be saved 구원받을 것이다   and 와, 과   your 당신의
household 한 집안, 세대, 가족

31 他们说: 当信主耶稣, 你和你一家都必得救.

tā men shuō: dāng xìn zhǔ yē sū, nǐ hé nǐ yì jiā dōu bì dé jiù.

타 먼 숴: 땅 씬 주 예 쑤, 니 허 니 이 쨔

떠우 삐 더/ 찌우.

当(dāng 땅) ~에 해당하다 信(xìn 씬) 믿다 主耶稣(zhǔ yē sū 주예쑤) 주 예수
你和(nǐ hé 니허) 너와 一家(yì jiā 이쨔) 한 가족(집안) 都(dōu 떠우) 다(모두)
必(bì 삐) 반드시 得救(dé jiù 더찌우) 구원받다

48

고린도교회의 문제들

읽기 (고전2:1~16) 암송 (롬12:2) (고전3:7)

(롬12:2) **너희는 이 세대를 본받지 말고 오직 마음을 새롭게 함으로 변화를 받아 하나님의 선하시고 기뻐하시고 온전하신 뜻이 무엇인지 분별하도록 하라.**

Do not conform any longer to the pattern of this world, but be transformed by the renewing of your mind. Then you will be able to test and approve what God's will is – his good, pleasing and perfect will.

두낱 컨뿔 애니 롱걸 투더 패런어브 디쓰 월을드, 벝비 트랜쓰뿔드 바이더 리뉴잉 어뷰얼 마인드. 덴 유을비 에이블투 테스트 앤어 프루브 왙 갇즈 위을 이즈 – 히즈 굳, 플리징 앤 펄뻭트 위을.

Do not ~하지 마라 conform(컨뿔) 순응하다   the pattern 양식, 모형 of ~의
this world 이 세상 but 하지만, 그러나   transform(트랜쓰뿔) 바꾸다
be transformed by ~에 의해 바뀌다 renew 새롭게 하다 renewing(리뉴잉) 새로움
your 너의, 당신의 mind 마음 Then 그러면   will be able to ~할 수 있을 것이다
test 시험 approve(어프루브) 증명(입증)하다 what 것, 무엇 God's will 하나님의 의지(뜻)
his 그의 good 선함 pleasing 즐거운, 기분 좋은   perfect 완벽한 will 의지(뜻)

2 不要效法这个世界, 只要心意更新而变化, 叫你们察验何为神的善良, 纯全, 可喜悦的旨意.

bú yào xiào fǎ zhè ge shì jiè, zhǐ yào xīn yì gēng xīn ér biàn huà, jiào nǐ men chá yàn hé wéi shén de shàn liáng chún quán kě xǐ yuè de zhǐ yì.

부 야오/ 샤오 빠/ 쩌 거/ 스 쩨, 즈 야오/ 씬 이/ 껑 씬/ 얼 뻰 화, 쨔오 니 먼/ 차 옌/ 허 웨이 선 더 산 량, 춘 취엔, 커 씨 웨 더/ 즈 이.

不要(bú yào 부야오) ~하지 마라   效法(xiào fǎ 샤오빠) 본받다, 배우다
这个(zhè ge 쩌거) 이, 이것   世界(shì jiè 스쩨) 세상
只要(zhǐ yào 즈야오) 만약 ~라면, ~하기만 하면   心意(xīn yì 씬이) 마음, 성의
更(gēng 껑) 더욱, 더   新(xīn 씬) 새롭다   而(yì 이) 그리고   变化(biàn huà 뻰화) 변화
察验(chá yàn 차옌) 검사하다   为(wéi 웨이) 위하여   神的(shén de 선더) 하나님의
善良(shàn liáng 산량) 선량하다, 착하다   纯全(chún quán 춘취엔) 순전하 다
喜悦的(xǐ yuè de 씨웨더) 기뻐하는   旨意(zhǐ yì 즈이) 의미, 뜻

(고전3:7) 그런즉 심는 이나 물주는 이는 아무 것도 아니로되 오직 자라게 하시는 이는 하나님뿐이니라.

So neither he who plants nor he who waters is anything, but only God, who makes things grow.

쏘우 니덜 히 후 플랜츠 노얼 히후 워럴즈 이즈 애니씽, 벝 온리 갇, 후 메익쓰 띵즈 그로우.

So 그래서, 그러므로   neither(니덜) A nor B A도 B도 아닌 the one who ~하는 사람
plants 심다   waters 물주다   anything 아무것(부정문)   only ~만, 오직
makes A ~ A로 ~하게 하다(만들다)   things 물건들, 것들   grow 자라다

7 可见栽种的, 算不得什么, 浇灌的, 也算不得什么 ; 只在那叫他生
长的神.

kě jiàn zāi zhòng de, suàn bù dé shén mo, jiāo guàn de yě suàn bù
dé shén mo; zhǐ zài nà jiào tā shēng zhǎng de shén.

커 쩬/ 짜이 쫑 더, 쏸 뿌 더/ 션 머, 쨔오 꽌 더

예 쏸 뿌 더/ 션 머; 즈 짜이/ 나 쨔오 타/ 셩 장 더/ 션

可见(kě jiàn 커쩬) 볼 수(알 수) 있다   栽种(zāi zhòng 짜이쫑) 재배하다, 심다
算(suàn 쏸) 계산하다, 셈하다   浇灌(jiāo guàn 쨔오꽌) 물을 주다   也(yě 예) 또한, 도
只(zhǐ 즈) 오직, 다만   生长(shēng zhǎng 셩쫭) 자라다, 성장하다

49

사랑이란?

읽기 (고전13:1~13) 암송 (고전13:13) (요일4:12)

(고전13:13) **그런즉 믿음, 소망, 사랑, 이 세 가지는 항상 있을 것인데 그 중의 제일은 사랑이라.**

And now these three remain: faith, hope and love. But the greatest of these is love.

앤 나우 디즈 쓰리 리메인: 뻬이쓰, 호웊 앤 러브. 벝더 그레이 디쓰터브 디즈 이즈 러브.

now 이제, 지금 these 이것들 three 3, 셋 remain 남다 faith 믿음 hope :
the greatest 가장 위대한 of ~의 these 이것들

13 如今常存的有信, 有望, 有爱这三样, 其中最大的是爱.

rú jīn cháng cún de yǒu xìn, yǒu wàng, yǒu ài zhè sān yàng, qí
zhōng zuì dà de shì ài.

루 찐/ 챵 춘 더/ 여우 씬, 여우 왕, 여우 아이
쩌 싼 양, 치 쫑/ 쭈이 따 더/ 스 아이

如今(rú jīn 루찐) 지금, 오늘날 常(cháng 챵) 항상 存的(cún de 춘더) 존재하는
有(yǒu 여우) 있다 信(xìn 씬) 믿음 望(wàng 왕) 소망 爱(ài 아이) 사랑
这三样(zhè sān yàng 쩌싼양) 이 세 가지 其中(qí zhōng 치쭝) 그 중
最大的(zuì dà de 쭈이따더) 최대의, 최고의 是(shì 스) ~이다

(요일4:12) 어느 때나 하나님을 본 사람이 없으되 만일 우리가 서로 사랑하면 하나님이 우리 안에 거하시고 그의 사랑이 우리 안에 온전히 이루어 지느니라.

No one has ever seen God; but if we love one another, God lives in us and his love is made complete in us.

노원 해즈 에벌 씬 갇; 버리쁘위 러브 워너 나덜, 갇 리브즈 인 어쓰 앤 히즈 러브 이즈 메일 컴플리트 인 어쓰.

No one 아무도　has seen 보았다　ever 여태까지　　if 만약　　we 우리가　　love 사랑하다
another(어나덜) 서로　　lives 살다　in us 우리들 안(속)에　　his 그의　　is made 만들어지다
complete(컴플리트) 완벽한

12 从来没有人见过神, 我们若彼此相爱, 神就住在我们里面, 爱他的心在我们里面得以完全了.

cóng lái méi yǒu rén jiàn guò shén wǒ men ruò bǐ cǐ xiāng ài. shén jiù zhù zài wǒ men lǐ miàn, ài tā de xīn zài wǒ men lǐ miàn dé yǐ wán quán le.

총 라이/ 메이 여우 런/ 쩬 꿔 선, 워 먼 뤄/ 비 츠
샹 아이, 선 찌우 쭈 짜이/ 워 먼 리 몐,
아이 타 더 씬/ 짜이 워 먼 리 몐/ 더 이 완 취엔 러

从来(cóng lái 총라이) 지금까지, 여태까지　没有人(méi yǒu rén 메이여우런) 아무도
见过(jiàn guò 쪤꿔) 본 적 있다　若(ruò 뤄) 만약　彼此(bǐ cǐ 비츠) 피차
相爱(xiāng ài 쌍아이) 서로 사랑하다　里面(lǐ miàn 리몐) 안쪽, 내부
得以(dé yǐ 더이) ~할 수 있다　完全(wán quán 완취엔) 완전히

50

요한이 본 계시

읽기 (계22:10~21)　암송 (잠8:17) (계1:8)

(잠8:17) **나를 사랑하는 자들이 나의 사랑을 입으며 나를 간절히 찾는 자가 나를 만날 것이니라.**

I love those who love me, and those who seek me find me.

아이 러브 도우즈후 러브 미, 앤 도우즈후 씩미 빠인 미.

those who ~하는 사람들　me 나를　seek 찾다　find 찾다

17 爱我的, 我也爱他; 恳切寻求我的, 必寻得见.

ài wǒ de, wǒ yě ài tā; kěn qiè xún qiú wǒ de, bì xún de jiàn.

아이 워 더, 워 예 아이 타;

컨 체/ 쒼 치우/ 워 더, 삐 쒼 더/ 쩬.

恳切(kěn qiè 컨체) 간절하다　寻求(xún qiú 쒼치우) 찾다, 탐구하다　必(bì 삐)반드시
见(jiàn쩬) 보다

[계1:8] **주 하나님이 이르시되 나는 알파와 오메가라 이제도 있고 전에도 있었고 장차 올 자요 전능한 자라 하시더라.**

"I am the Alpha and the Omega," says the Lord God, "who is, and who was, and who is to come, the Almighty."

"아이 엠디 알빠 앤디 오메가," 쎄즈더 롤ㄷ 갇, "후 이즈, 앤 후 워즈, 앤 후이즈 투 컴, 디 얼마이티."

I 나는, 내가   am 이다   the Alpha 처음   the Omega 끝, 최후   is 있다   was 있었다
come 오다   the Almighty(얼마이티) 전능자

8 主神说：我是阿拉法，我是俄梅戛，是昔在，今在，以后永在的全能者.

zhǔ shén shuō: wǒ shì ā lā fǎ, wǒ shì é méi jiá, shì xī zài, jīn zài, yǐ hòu yǒng zài de quán néng zhě.

주 선 쉐: / 워 스 아 라 빠, 워 스 으어 메이 쨔
스 씨 짜이, 찐 짜이, 이 허우 용 짜이 더/ 췐 넝 저

阿拉法(ā lā fǎ 아라빠) 알파   俄梅戛(é méi jiá 으어메이쨔) 오메가   昔(xī 씨) 옛날
全能者(quán néng zhě 취엔넝저) 전능자

Sound Pen

사운드펜 사용방법

이 책은 전자북으로 사운드펜을 활용할 수 있습니다.

① 저희 홈페이지(https://haneng.kr/)에서 사운드펜 파일을 다운받기
② 다운받은 파일을 토킹펜은 pen폴더에, 비바펜은 book 폴더에 복사
③ 사운드펜을 본 서적의 표지를 터치한 후, 본문을 터치하면 소리가 남

Smart Phone

스마트폰 사용방법

이 책은 부록 MP3파일을 제공합니다.

① 애플 AppStore나 구글 Play 스토어에서 ITPlayer를 검색해 앱 깔기
② 저희 홈페이지(https://haneng.kr/)에서 본 서적의 MP3파일을 다운받기
③ 다운받은 MP3파일을 스마트폰에 깔아둔 ITPlayer에 복사
④ ITPlayer에 '파일 선택' 화면으로 들어가서 원하는 파일을 선택
⑤ 문장 단위로 반복재생, 혹은 일시정지로 효과적으로 학습

* 자세한 사용방법은 저희 홈페이지(https://haneng.kr/)를 참고하세요.

한영중 바이블 챔피언십

발행일 2022년 4월 5일 초판 1쇄
　　　　 2023년 1월 1일 초판 2쇄

편저자 김종성
북디자인 이로디자인 김현수
영어, 중국어 성우 김범석
펴낸이 장춘화
펴낸곳 한GLO

주소 서울시 용산구 한강대로 372, A-501
전화 (02)1670-1905
팩스 (02)2272-1905
홈페이지 www.haneng.kr www.한글영어.kr
등록 2016년 7월 4일 (제2016-000063호)

ISBN 979-11-90593-07-6 (03700)